Menos es más

Francine Jay

Menos es más

Cómo ordenar,
organizar y simplificar tu casa y tu vida

Obra editada en colaboración con Editorial Planeta – España

Título original: *The Joy of Less*

Diseño de portada: Departamento de Arte y Diseño, Área Editorial
Grupo Planeta
Imagen de portada: © Zonda - Shutterstock
Fotografía de la autora: © Francine Jay

© 2010, 2016, Francine Jaskiewicz
Publicado por acuerdo con International Editors Co. y The Fielding Agency
© 2016, Remedios Diéguez Diéguez, de la traducción

© 2016, Editorial Planeta, S.A. – Barcelona, España
Zenith es un sello editorial de Editorial Planeta, S.A.

Derechos reservados

© 2016, Editorial Planeta Mexicana, S.A. de C.V.
Bajo el sello editorial DIANA M.R.
Avenida Presidente Masarik 111, Piso 2
Colonia Polanco V Sección
Deleg. Miguel Hidalgo
C.P. 11560, Ciudad de México
www.planetadelibros.com.mx

Primera edición impresa en España: marzo de 2016
ISBN: 978-84-08-15199-9

Primera edición impresa en México: agosto de 2016
ISBN: 978-607-07-3560-8

Impreso en los talleres de EDAMSA Impresiones, S.A. de C.V.
Av. Hidalgo núm. 111, Col. Fracc. San Nicolás Tolentino, Ciudad de México
Impreso en México – *Printed in Mexico*

ÍNDICE

Tercera parte
Estancias y espacios

Cuarta parte
Estilo de vida

Deja ir
como un niño que sopla un diente de león.
En un suspiro,
una deliciosa ligereza
y una alegría inconmensurable.

Introducción

Y¿si te dijese que con menos cosas podrías ser más feliz? Parece una tontería, ¿verdad? Eso es porque todos los días, en todas partes, recibimos miles de mensajes que nos dicen lo contrario: compra esto y estarás más guapo; adquiere aquello y tendrás más éxito; hazte con lo otro y tu felicidad no tendrá límites.

De acuerdo. Hemos comprado esto, aquello y lo otro, así que tendríamos que sentirnos como en una nube, ¿no? Sin embargo, en muchos casos, la respuesta es negativa. De hecho, casi siempre sucede todo lo contrario: muchas de esas cosas (y sus promesas vacías) se llevan el dinero de nuestros bolsillos, la magia de nuestras relaciones y la alegría de nuestras vidas.

¿Te ha ocurrido alguna vez que al contemplar tu casa y ver todas las cosas que has comprado y heredado o que te han regalado, te sientes agobiado en vez de rebosante de alegría? ¿Tu deuda con la tarjeta de crédito no deja de aumentar, y te cuesta recordar las compras que todavía estás pagando? ¿Deseas en secreto que un vendaval se lleve todo lo que acumulas en casa para así poder empezar de nuevo? Si es así, un estilo de vida minimalista podría ser tu salvación.

En primer lugar, vamos a recapacitar sobre el término «minimalismo». Parece que se ha rodeado de un aura un tanto intimidante, elitista, porque suele relacionarse con *lofts* elegantes y ca-

9

rísimos con muy pocos muebles. La palabra sugiere interiores despejados, maravillosos, con suelos de cemento y superficies blancas impolutas. Suena muy sobrio, serio y estéril. ¿Cómo podría encajar el minimalismo en la vida de personas con hijos, mascotas, aficiones, propaganda en el buzón y ropa que lavar y recoger?

Mucha gente, cuando escucha la palabra *minimalismo*, piensa inmediatamente en «vacío». Por desgracia, el concepto de «vacío» no resulta atractivo, dado que se relaciona con la pérdida, la privación y la escasez. Sin embargo, si observamos la palabra *vacío* desde otro ángulo (piensa en lo que sí hay en lugar de pensar en lo que no hay), donde había vacío ahora hay «espacio». ¡Espacio! Y ¡es algo que todos podríamos aprovechar más! Espacio en los clósets , en los garajes, en las agendas; espacio para pensar, jugar, crear y divertirnos con nuestras familias... Esa es justo la belleza del minimalismo.

Piénsalo de este modo: un recipiente es más valioso cuando está vacío. No podemos disfrutar del café si en la taza hay posos viejos, ni podemos presumir de las flores de nuestro jardín si hay flores marchitas en el florero. Cuando nuestras casas (los recipientes de nuestras vidas cotidianas) están repletas de objetos, nuestras almas quedan en un segundo plano. Ya no tenemos tiempo, ni energía ni espacio para nuevas experiencias. Nos sentimos apretados e inhibidos, como si no pudiésemos estirar todo el cuerpo y expresarnos.

El minimalismo nos permite tomar el control de nuestras posesiones. Recuperamos nuestro espacio, así como las funciones y el potencial de nuestro hogar. La casa vuelve a ser un recipiente abierto, despejado y receptivo para la sustancia de nuestras vidas. Nos declaramos independientes de la tiranía de la acumulación. ¡Es toda una liberación!

Todo esto suena muy bien, pero ¿cómo llegamos hasta ahí? ¿Por dónde empezamos? ¿En qué se diferencia este libro de otros sobre el mismo tema? A diferencia de muchos otros libros que explican cómo organizar nuestras vidas, este no trata sobre recipientes bonitos o sistemas de almacenamiento para guardar tus cosas, sino que parte de la base de reducir la cantidad de cosas que tienes. Además, no tendrás que responder cuestionarios, ni elaborar listas o rellenar cuadros: ¿quién tiene tiempo para eso? Tampoco encontrarás historias reales sobre los triques de los demás; aquí, el protagonista eres solo tú.

Empezaremos por cultivar una mentalidad minimalista. No te preocupes, ¡no es difícil! Vamos a pensar en las satisfacciones y los beneficios de una vida ordenada, lo que te proporcionará la motivación que necesitarás más tarde, cuando tengas que enfrentarte a la porcelana de la abuela. Aprenderemos a ver nuestras cosas como lo que son, a neutralizar el poder que tengan sobre nosotros y a descubrir la libertad de vivir con lo «suficiente» para satisfacer nuestras necesidades. Incluso nos pondremos un poco filosóficos y reflexionaremos sobre cómo nuestro nuevo minimalismo enriquecerá nuestras vidas y ejercerá un cambio positivo en el mundo.

Deshacerse de lo innecesario es como hacer dieta. Podemos empezar de un día para otro, contar las posesiones como si fueran calorías, y «pasar hambre» para obtener resultados más rápidos. Sin embargo, lo más probable es que acabemos sintiéndonos limitados, que nos demos un atracón y que regresemos al punto donde nos encontrábamos antes de empezar. Así que, en su lugar, tenemos que cambiar nuestra actitud y nuestros hábitos, como si pasáramos de alimentarnos a base de carne con papas a una dieta mediterránea. Desarrollar una actitud minimalista transformará el modo en que tomamos decisiones respecto a los objetos que tenemos y los que introducimos en nuestras vidas. En vez de ser una solución a corto plazo, será un compromiso a largo plazo con un nuevo y maravilloso modo de vida.

Después de esa fase de calentamiento mental, aprenderemos el método de optimización STREAMLINE, las diez técnicas más eficaces para conseguir una casa ordenada y mantenerla así. ¡Es aquí donde empieza la diversión! Partiremos de cero con cada cajón, cada clóset y cada habitación, y nos aseguraremos de que cada una de las cosas que poseemos tenga una función clara en casa. Asignaremos a cada objeto su lugar adecuado, y estableceremos límites para tener las cosas bajo control. Iremos reduciendo poco a poco la cantidad de objetos que tenemos en casa y estableceremos sistemas para asegurarnos de no volver a acumular en el futuro. Armados con estas técnicas, ¡venceremos el desorden para siempre!

Cada espacio de la casa presenta sus propios retos, así que recorreremos las estancias de una en una, explorando métodos muy específicos para abordar cada una de ellas. Empezaremos por la sala para crear un espacio flexible y dinámico que nos permita disfrutar de nuestras actividades de ocio. Analizaremos las ventajas de cada mueble y pensaremos qué podemos hacer con todos esos libros, juegos y triques para manualidades. A continuación pasaremos al dormitorio, donde eliminaremos el exceso a fin de conseguir un oasis de paz para nuestras almas cansadas. El objetivo consiste en crear un espacio despejado, relajante y ordenado que nos tranquilice y nos renueve.

Dado que muchos de nosotros tenemos los clósets abarrotados, dedicaremos un capítulo entero a este tema (te aseguro que te verás muy bien con solo una parte de toda la ropa que tienes ahora mismo). A estas alturas ya nos estaremos divirtiendo y atacaremos las pilas de papeles que acumulamos en la oficina, además de reducir su entrada. Nuestra reforma minimalista podrá incluso con los rincones más caóticos.

A continuación pasaremos a la cocina. Reduciremos al mínimo ollas, sartenes y vajilla, y comprobaremos cómo las cubiertas despejadas y los utensilios imprescindibles nos ayudan a mejorar nuestras habilidades culinarias. Después, al baño, donde llevaremos a cabo una eliminación selectiva de su contenido para crear un ambiente elegante, como de balneario. Incluso simplificaremos nuestra rutina diaria de limpieza y nos sentiremos bien con solo lo más básico.

Por supuesto, no podemos olvidarnos de sótanos, áticos y garajes. Es cierto que todo lo que hay en esos espacios no está a la vista, pero sí ocupa un espacio en nuestra mente. Después de poner manos a la obra en esos espacios de almacenamiento, el desorden no tendrá dónde esconderse. Nos encargaremos también de regalos, reliquias de familia y recuerdos. Veremos cómo todos esos cacharros se cuelan en nuestras vidas y encontraremos formas creativas de encargarnos de ellos.

Y ¿qué pasa con quienes viven bajo nuestro mismo techo? En lo que respecta al desorden, los miembros de nuestra familia no son precisamente testigos inocentes. Analizaremos diferentes alternativas para enfrentarnos a «sus» cosas y conseguiremos que participen en el proceso. No importa si te ahogas entre utensilios de bebé, entre juguetes infantiles o entre los triques de un adolescente: encontrarás consejos para todas las edades. Incluso aprenderemos a guiar a una pareja reacia en el camino del minimalismo.

Por último, analizaremos de qué modo el hecho de ser minimalistas nos convierte en mejores ciudadanos del mundo y nos ayuda a conservar sus riquezas para las generaciones futuras. Entenderemos el verdadero impacto de nuestras opciones como consumidores mediante el análisis del precio humano y medioambiental de todo lo que compramos, y conoceremos los enormes beneficios de vivir más ligeros y con más dignidad. Lo mejor de todo es que descubriremos que ahorrar espacio en los clósets puede ayudarnos a salvar el mundo.

¿Preparado para deshacerte de lo acumulado de una vez por todas? Pasa a la página siguiente y tendrás tu primera dosis de filosofía minimalista. En unos minutos habrás emprendido el viaje hacia una vida más sencilla, racional y serena.

Primera parte

FILOSOFÍA

Imagina que somos generales que se dirigen a una batalla, o atletas a punto de participar en un gran evento; para dar lo mejor de nosotros mismos, tenemos que prepararnos mentalmente ante los retos que nos esperan. Ha llegado el momento de desarrollar el secreto de nuestro éxito, una actitud minimalista.

Esta sección trata de eso, de la actitud. Antes de tomar el control de nuestras cosas materiales, tenemos que cambiar nuestra relación con ellas. Las definiremos, las veremos tal como son y como no son, y analizaremos sus efectos en nuestras vidas. Estos principios nos facilitarán el paso de deshacernos de nuestras cosas y nos ayudarán a evitar que otras entren en casa. Y, lo más importante, nos daremos cuenta de que las cosas existen para servirnos, no al contrario.

1

Las cosas, como son

Mira a tu alrededor. Es muy posible que queden al menos veinte o treinta cosas en tu campo directo de visión. ¿Qué es todo eso? ¿Cómo ha llegado hasta ahí? ¿Para qué sirve?

Ha llegado el momento de ver las cosas tal como son. Tenemos que nombrarlas, definirlas y despojarlas de todo el misterio. ¿Qué son exactamente esas cosas en cuya compra, mantenimiento y almacenamiento invertimos tanto tiempo y energía? Y ¿cómo es que hay tantas? (¿Se reproducen mientras dormimos?).

En términos generales, podemos dividir nuestras pertenencias en tres categorías: útiles, bonitas y con valor sentimental.

Empecemos por la categoría más fácil, la de las cosas útiles. Se trata de aquellos objetos prácticos, funcionales, que nos ayudan en tareas cotidianas. Algunos son fundamentales para la supervivencia; otros nos facilitan la vida. Resulta tentador pensar que absolutamente todas nuestras cosas son útiles, pero ¿has leído algún libro sobre técnicas de supervivencia? Es toda una revelación descubrir qué poco necesitamos en realidad para seguir con vida: un cobijo sencillo, ropa para regular la temperatura corporal, agua, alimento, algunos recipientes y unos cuantos utensilios de cocina. (Si esto es todo cuanto posees, ya puedes dejar de leer; si no, únete al resto de nosotros y ¡adelante!).

Después de lo esencial están los objetos que no son necesarios para la supervivencia, pero que, aun así, resultan muy útiles: camas, sábanas, computadoras, teteras, peines, bolígrafos, engrapadoras, lámparas, libros, platos, tenedores, sofás, extensiones, martillos, desarmadores, batidoras, etcétera; te haces una idea. Todo aquello que utilices con frecuencia y que realmente aporte valor a tu vida es bienvenido en una casa minimalista.

Ah, pero no olvides que para que un objeto sea útil, debe *usarse*. Ahí está el truco: la mayoría de nosotros tenemos muchas cosas *potencialmente útiles* que no utilizamos. Los objetos repetidos figuran entre los mejores ejemplos: ¿Cuántos de esos recipientes de plástico para guardar comida salen de los anaqueles para llevarlos al trabajo o guardarlos en el congelador? ¿Realmente necesitas cambiar de taladro inalámbrico? Otras cosas languidecen porque son demasiado complicadas o porque limpiarlas es todo un fastidio; se me ocurren, por ejemplo, los procesadores de alimentos, las *fondues* y los humidificadores. Y luego están los «por si acaso» y los «podría necesitarlo», esperando su momento en el fondo de los cajones y anaqueles. Esos son los objetos que tienen los días contados.

Podemos dividir nuestras pertenencias en tres categorías: útiles, bonitas y con valor sentimental.

Con las cosas útiles se mezclan aquellas sin una función práctica, pero que satisfacen otro tipo de necesidad; resumiendo, que nos gusta verlas. A lo largo de la historia, los seres humanos nos hemos sentido inclinados a embellecer nuestro entorno, tal como demuestran las pinturas rupestres del Paleolítico y los cuadros que adornan nuestras paredes.

El gusto por lo estético es una parte importante de nuestra identidad, y no debemos negarlo. El brillo reluciente de un jarrón bonito o las elegantes líneas de una silla modernista pueden dar una profunda satisfacción a nuestras almas; por tanto, los objetos de ese tipo tienen todo el derecho a formar parte de nuestras vidas. Advertencia: deben ser respetados y honrados con un lugar destacado en casa. Si tu colección de cristal de Murano acumula polvo en un estante (o, aún peor, está guardada en el desván), no es más que un trique bonito.

Durante este proceso de evaluación de tus pertenencias, no des el visto bueno automáticamente a todos los objetos de carácter artístico. Solo porque te gustara aquel día de verano, en aquel mercadillo artesanal, no significa que merezca un lugar de por vida en la repisa de la chimenea. Por otro lado, si algo te hace sonreír cada vez que lo ves (o si su armonía visual te lleva a apreciar más la belleza de la vida), merece el lugar que ocupa en tu casa.

Si todo lo que acumulamos en casa fuese bonito o útil, sería muy fácil. Sin embargo, no me cabe la menor duda de que cada día encontrarás objetos que no lo son. Entonces, ¿de dónde han salido y por qué están ahí? En nueve de cada diez casos se asocian a algún tipo de recuerdo o vínculo emocional: la vieja porcelana de tu abuela, la colección de monedas de tu padre, aquel *sarong* que compraste en tu luna de miel, etcétera. Esas cosas nos traen recuerdos de personas, lugares y hechos especialmente importantes para nosotros. En la mayoría de los casos entran en casa en forma de regalos, herencias y recuerdos.

De nuevo, si el objeto en cuestión te llena de alegría, muéstralo con orgullo y disfruta de su presencia. Si, por el contrario, lo conservas porque te sientes en la obligación (te preocupa la idea de que la tía Edna se revuelva en su tumba si te deshaces de sus tazas de porcelana) o porque es una prueba de una experiencia (como si nadie fuese a creer que visitaste el Gran Cañón si te deshicieras de esa taza tan *kitsch*), se impone un examen de conciencia.

Recorre tu casa y entabla una conversación con tus cosas. Pregunta a cada objeto: «¿Qué eres y qué haces?», «¿Cómo llegaste a mi vida?», «¿Te compré o fuiste un regalo?», «¿Con qué frecuencia te utilizo?», «¿Te sustituiría si te perdieras o te rompieras, o me sentiría aliviado por haberme librado de ti?», «¿Realmente quería tenerte?». Sé sincero en tus respuestas; no vas a herir los sentimientos de tus pertenencias.

Mientras formulas esas preguntas, es probable que descubras dos subcategorías de cosas. Una de ellas es la de «cosas de otras cosas». Ya sabes, algunas cosas provocan una acumulación natural de más cosas, como, por ejemplo, accesorios, manuales, productos de limpieza, cosas que acompañan a otras cosas, muestran las cosas, contienen las cosas y arreglan las cosas. Aquí existe un enorme potencial para poner orden, porque al deshacerte de una cosa, puedes acabar prescindiendo de muchas.

La segunda subcategoría es la de las «cosas de otros». Esta es complicada. Con la posible excepción de los niños más pequeños, tu autoridad sobre las cosas de los demás es muy limitada. Si guardas en el sótano el kayak de tu hermano porque te pidió el favor (y lleva ahí guardado quince años), tienes derecho a ponerle solución (después de una llamada de teléfono pidiéndole que se lo lleve, por supuesto). Si, en cambio, se trata de los triques relacionados con las aficiones de tu pareja, o los viejos videojuegos de tu hijo adolescente, se requiere una actitud más diplomática. Con un poco de suerte, la puesta en orden acabará siendo contagiosa y los demás se encargarán de sus propias cosas.

De momento, recorre tu casa y familiarízate con tus cosas: esto es útil, eso es bonito, aquello no es mío, etcétera (¡es facilísimo!). No pretendas empezar a ordenar inmediatamente; llegaremos a ese punto a su debido tiempo. Por supuesto, si encuentras algo inútil, feo o no identificable, no lo pienses y deshazte de ello.

2

No eres lo que tienes

Al contrario de lo que la publicidad nos hace creer, no eres lo que tienes. Tú eres tú, y las cosas son cosas. No existe alquimia física o matemática que pueda cambiar esos límites, a pesar de lo que intenten hacerte creer ese anuncio a página completa en una revista o esa publicidad tan ingeniosa en la televisión.

No obstante, de vez en cuando caemos en la trampa del publicista. Así que debemos tener en cuenta otra subcategoría, la de las «cosas con aspiraciones». Se trata de aquello que compramos para impresionar a los demás o para satisfacer a nuestro «yo fantasioso» (sí, ese que pesa diez kilos menos, viaja por todo el mundo, asiste a fiestas o toca en una banda de rock).

Es posible que nos cueste reconocerlo, pero lo más probable es que hayamos adquirido muchas de nuestras posesiones para proyectar una determinada imagen. Veamos el ejemplo de los coches. Podemos satisfacer fácilmente nuestra necesidad de desplazarnos con un vehículo sencillo que nos lleve del punto A al punto B. ¿Por qué pagamos entonces el doble (o el triple) por un modelo de lujo? Porque los fabricantes de coches invierten grandes cantidades en publicidad para convencernos de que nuestro coche es una proyección de nosotros mismos, de nuestra personalidad y de nuestra posición en el mundo empresarial o en la jerarquía social.

La cosa no acaba aquí, claro. La obsesión por identificar al consumidor con los productos va mucho más allá: desde la elección de la vivienda hasta lo que entra en ella. La mayoría de la gente estaría de acuerdo en que una casa pequeña y básica satisface nuestra necesidad de cobijo (sobre todo si la comparamos con las viviendas en países en vías de desarrollo). Sin embargo, el marketing aspiracional decreta que «necesitamos» un dormitorio enorme con baño, habitaciones individuales para cada uno de nuestros hijos, cuartos de baño también individuales y cocinas con aparatos para uso profesional. De lo contrario, no habremos «triunfado». Los metros cuadrados se convierten en un símbolo de estatus social y, como es lógico, se necesitan más sofás, sillas, mesas y objetos varios para llenar una casa más grande.

Los anuncios también nos animan a definirnos a través de la ropa. Lo ideal es que sea de marca. Y las marcas no hacen que nuestra ropa nos dé más calor, que los bolsos sean más resistentes o que nuestra vida sea más glamurosa. Además, todos esos artículos de moda parecen quedar obsoletos a los pocos minutos de comprarlos. Resultado: los clósets repletos de cosas anticuadas que guardamos con la esperanza de que vuelvan a estar de moda algún día. En realidad, la mayoría de nosotros no necesitamos clósets enormes como los de los famosos, ya que la ropa y los accesorios que poseemos nunca serán objeto de una gran atención. No obstante, los comerciantes tratan de convencernos de que somos el centro de atención y tenemos que vestirnos como tal.

No resulta fácil ser minimalista en el mundo de los medios de comunicación de masas. Los publicistas nos bombardean constantemente con el mensaje de que la acumulación material es la medida del éxito. Explotan el hecho de que resulta mucho más fácil «comprar» el estatus que ganárselo. ¿Cuántas veces has escuchado que «más es mejor», «aparéntalo hasta que lo consigas», o «el hábito sí hace al monje»? Esas expresiones nos dicen que tener más cosas materiales aporta más felicidad cuando, de hecho, casi siempre implica más dolores de cabeza y más deudas. La compra de todo eso beneficia a alguien, sin duda, pero no a nosotros.

A decir verdad, ningún producto nos convertirá nunca en algo que no somos. Los cosméticos caros no nos convertirán en super-modelos; los mejores utensilios de jardín no nos darán manos de jardinero, y las cámaras de última generación no conseguirán que seamos fotógrafos galardonados. No obstante, sentimos el impulso de comprar y almacenar cosas que entrañan alguna promesa: hacernos más felices, más guapos, más listos, mejor padre, madre o pareja, más queridos, más organizados o más competentes.

Sin embargo, piensa esto: si esas cosas todavía no han hecho las promesas realidad, podría haber llegado el momento de desha-cerse de ellas.

No resulta fácil ser minimalista en el mundo de los medios de comunicación de masas.

Los productos de consumo tampoco suplen la experiencia. No necesitamos un garaje lleno de enseres para acampar, equipo de-portivo y juguetes para la piscina cuando lo que en realidad bus-camos es tiempo de calidad con nuestra familia. El reno inflable y los montones de regalos no son sinónimo de unas fiestas navi-deñas alegres; estar con los seres queridos, sí. Acumular monta-ñas de estambres, libros de cocina o cajas de material artístico no nos convierten automáticamente en tejedores, chefs o genios creativos de primera. Lo que resulta fundamental para nuestro disfrute y nuestro desarrollo personal son las actividades en sí, no los materiales.

También nos identificamos con cosas del pasado y nos aferra-mos a determinados objetos para demostrar quiénes éramos o qué hemos conseguido. ¿Cuántos de nosotros todavía guarda-mos uniformes de animadoras, suéteres con iniciales, trofeos de natación o cuadernos con apuntes de clases ya olvidadas? Racio-nalizamos el hecho de guardar esas cosas como prueba de nues-tros logros (como si necesitáramos sacar los viejos exámenes de cálculo para demostrar que aprobamos el curso). No obstante, esos objetos están guardados por ahí, en alguna caja, y no demuestran nada a nadie. Si es tu caso, podría haber llegado el momento de prescindir de esas reliquias de tu antiguo yo.

Cuando examinemos nuestras cosas con una visión crítica, es posible que nos sorprendamos de la cantidad que conmemoran nuestro pasado, representan nuestras esperanzas para el futuro o pertenecen a nuestros yoes imaginarios. Por desgracia, dedicar demasiado espacio, tiempo y energía a esas cosas nos impide vivir en el presente.

En ocasiones nos da miedo deshacernos de ciertos objetos porque sentimos que es como deshacernos de una parte de nosotros mismos. No importa que apenas toquemos ya el violín o que nunca nos hayamos puesto aquel vestido de noche; en el momento en que nos desprendamos de ellos, se esfumarán nuestras posibilidades de convertirnos en virtuosos o en personas distinguidas. Y Dios no quiera que tiremos aquel birrete del instituto, porque sería como si no nos hubiéramos graduado.

No debemos olvidar que nuestros recuerdos, sueños y ambiciones no residen en objetos, sino en nosotros mismos. No somos lo que poseemos; somos lo que hacemos, lo que pensamos y a quienes amamos. Al eliminar los restos de aficiones que ya no nos interesan, los planes sin acabar y las fantasías no cumplidas, dejamos espacio para opciones nuevas (y reales). Los objetos con aspiraciones son el pilar de una falsa versión de nuestras vidas; tenemos que eliminar esa acumulación para disponer de tiempo, espacio y energía para descubrir quiénes somos en realidad y todo nuestro potencial.

3

Menos cosas = menos estrés

Piensa en la energía vital que conlleva poseer una sola cosa: planificar la compra, leer opiniones sobre el objeto en cuestión, buscar el mejor precio, ganar (o pedir prestado) el dinero necesario para comprarlo, ir a la tienda para adquirirlo, llevarlo hasta casa, buscarle un sitio, aprender a utilizarlo, limpiarlo (o limpiar a su alrededor), mantenerlo, comprar piezas adicionales, asegurarlo, protegerlo, evitar que se rompa, arreglarlo si se rompe y, en algunos casos, seguir pagándolo cuando ya te has deshecho de él. Ahora multiplica todo eso por el número de objetos que tienes en casa. ¡Vaya! ¡Es agotador!

La tarea de cuidar de todo eso puede exigir todo nuestro tiempo. De hecho, existen empresas dedicadas exclusivamente a ayudarnos a mantener nuestras cosas. Hay empresas enteras que lucran a base de vender productos de limpieza especiales para cada cosa: detergentes para la ropa, limpiadores para la plata, cera para los muebles, sprays limpiadores para los aparatos eléctricos y productos para cuidar el cuero. El negocio de los seguros prospera gracias a la posibilidad de que nuestros coches, joyas u obras de arte resulten dañados o robados. Cerrajeros, empresas de alarmas y fabricantes de cajas fuertes prometen proteger nuestras posesiones de los ladrones. Técnicos de todo tipo esperan a que les llamemos para arreglar nuestras cosas cuando se rompen, y las empresas de mudanzas están siempre listas para trasladarlo todo de un lugar a otro.

Con todo el tiempo, el dinero y la energía que exigen, podríamos empezar a tener la sensación de que nuestras cosas nos poseen, y no al revés.

Veamos con más detalle hasta qué punto las cosas nos provocan estrés. En primer lugar, nos estresamos por no tener cosas. Vemos algo en una tienda, o en un anuncio, y de repente no entendemos cómo hemos podido vivir sin ello. Nuestro vecino tiene uno, a nuestra hermana le regalaron uno, y un compañero de trabajo se lo compró la semana pasada. Madre mía, ¿somos los únicos en el mundo que no lo tenemos? Y empieza a invadirnos un sentimiento de privación...

A continuación, nos estresamos pensando cómo podemos conseguirlo. Por desgracia, no conocemos a nadie que pueda regalarnos uno, de modo que tendremos que comprarlo. Vamos de tienda en tienda (o de página web en página web) para comparar precios, deseando encontrar alguna oferta. Sabemos que en realidad no podemos permitírnoslo en ese momento, pero lo queremos ahora mismo. Juntamos el dinero que podemos, hacemos horas extras en el trabajo o lo cargamos en la tarjeta de crédito con la esperanza de poder hacer frente a los pagos más adelante.

Por fin llega el glorioso día en que lo compramos. ¡Ya es nuestro! El sol brilla, los pajaritos cantan y el estrés desaparece. ¿De verdad? Piénsalo bien. Ahora que hemos pagado un buen dinero por ese objeto, vamos a tener que cuidarlo. No solo hemos adquirido una nueva posesión, sino también una responsabilidad.

Debemos asegurarnos de limpiarlo con frecuencia, ya que el polvo y la suciedad podrían dificultar su funcionamiento y acortarían su vida útil. Debemos mantenerlo fuera del alcance de los niños y de las mascotas. Debemos tener un cuidado especial cuando lo utilizamos para no romperlo, estropearlo o mancharlo. ¿Te parece una locura? ¿Cuántas veces has estacionado un coche nuevo en un rincón alejado del estacionamiento, o se te arruinó el día porque has descubierto un rayón o una abolladura? ¿Cómo te sentiste cuando te manchaste aquella blusa de seda tan cara con salsa de tomate?

Cuando algo sale mal con nuestra nueva adquisición (y así será en algún momento, inevitablemente), nos estresamos ante el hecho de que tenemos que repararla. Buscamos información en manuales o en internet. Salimos a comprar las herramientas o los repuestos necesarios para la reparación. Si no vemos solución, llevamos a reparar el objeto. O lo posponemos porque no sabemos qué hacer (o no queremos enfrentarnos a ello). Y allí se queda, en un rincón, o en un anaquel, o en el sótano, como un peso en la conciencia. Quizá no se haya roto, sino que, simplemente, nos cansamos de él. En cualquier caso, nos sentimos un poco culpables e incómodos por haber invertido tanto tiempo y dinero en el objeto. Más tarde veremos otro anuncio y nos sentiremos cautivados por otra cosa completamente distinta, todavía más codiciable que la anterior. Oh, no, volvemos a empezar...

Parece que nunca tenemos suficiente tiempo; y a lo mejor nuestras cosas tienen la culpa. ¿Cuántas valiosas horas hemos malgastado en ir a la tintorería? ¿Cuántos sábados hemos sacrificado para cambiar el aceite del coche o hacer alguna reparación? ¿Cuántos días libres hemos invertido en arreglar o mantener nuestras cosas (o esperando a un técnico)? ¿En cuántas ocasiones nos hemos desesperado (o hemos regañado a nuestros hijos) por un florero roto, un plato despostillado o unas manchas de lodo en las alfombras? ¿Cuánto tiempo dedicamos a comprar limpiadores, piezas y accesorios para las cosas que ya tenemos?

Parece que nunca tenemos suficiente tiempo; y a lo mejor nuestras cosas tienen la culpa.

Vamos a darnos un respiro y a recordar lo libres y felices que éramos en nuestra etapa de adultos jóvenes. No es casualidad que fuera uno de los momentos en que teníamos menos cosas. La vida era mucho más sencilla: ni hipoteca, ni mensualidades del coche ni lancha que asegurar. Aprender, vivir y divertirse era mucho más importante que las cosas materiales que poseíamos. El mundo era nuestro, y todo era posible. Esa es justo la alegría que podemos recuperar siendo minimalistas. Basta con que situemos las cosas en el lugar que les corresponde para que no acaparen casi toda nuestra atención.

Eso no significa que tengamos que alquilar estudios o amueblar nuestras casas con cajas de plástico y sofás de segunda mano. De momento vamos a imaginar que tenemos solo la mitad de lo que poseemos en este momento. ¡Vaya, es todo un alivio! ¡Eso representa el cincuenta por ciento menos de trabajo y de preocupaciones! ¡Cincuenta por ciento menos de limpieza, mantenimiento y reparaciones! ¡Cincuenta por ciento menos de deudas! ¿Qué vamos a hacer con todo ese tiempo y dinero? Ah, empezamos a entenderlo todo, a ver la belleza del minimalismo.

4

Menos cosas = más libertad

¿Qué ocurriría si se te presentara una oportunidad fabulosa, única, pero que implicara mudarte a la otra punta del país en un plazo de tres días? ¿Te embargaría el entusiasmo y empezarías a hacer planes? ¿O contemplarías tu casa y te preguntarías cómo vas a prepararlo todo para la mudanza con tan poco tiempo? ¿Te desesperarías ante la idea de transportar tus cosas a miles de kilómetros (o, peor todavía, te parecería completamente ridícula)? ¿Qué probabilidades habría de que decidieras que es un problema y no vale la pena, que ya estás establecido y que a lo mejor surgirá otra oportunidad en otro momento?

Parece una locura planteárselo, pero ¿tendrían tus cosas el poder de atarte al lugar donde estás? Para muchos de nosotros, la respuesta bien podría ser afirmativa.

Las cosas materiales pueden actuar como anclas. Nos atan, nos impiden explorar nuevos intereses y desarrollar nuevos talentos. Pueden entrometerse en las relaciones, el éxito profesional y el tiempo que dedicamos a la familia. Pueden agotar nuestra energía y nuestro espíritu aventurero. ¿Alguna vez has evitado una visita porque tu casa estaba demasiado tirada? ¿Te has perdido algún partido de futbol de tu hijo porque tenías que trabajar horas extras para hacer frente a los pagos de la tarjeta de crédito? ¿Has renunciado a unas vacaciones en un destino exótico porque no tenías a nadie que le echase un vistazo a tu casa?

Observa todo lo que tienes en la habitación en la que te encuentras en este momento. Imagina que cada uno de esos objetos, cada posesión individual, está atado a ti con una cuerda. Tienes algunos objetos atados a los brazos, otros a la cintura y otros a las piernas (si quieres intensificar el dramatismo, visualiza cadenas en lugar de cuerdas). Ahora trata de levantarte y moverte con todas esas cosas arrastrando y golpeteando detrás de ti. No es fácil, ¿verdad? Probablemente, no podrás ir demasiado lejos ni hacer gran cosa. Te rendirás enseguida, volverás a sentarte y te darás cuenta de que exige mucho menos esfuerzo quedarte donde estás.

De forma similar, el exceso de cosas puede suponer una carga para el espíritu. Es como si todos esos objetos tuviesen su propio campo gravitatorio y tirasen constantemente de nosotros. Literalmente, podemos sentirnos pesados y aletargados en una habitación muy recargada, demasiado cansados y perezosos como para levantarnos y hacer algo. En cambio, en una estancia limpia, luminosa y con pocos muebles nos sentimos ligeros, liberados y llenos de posibilidades. Sin la carga de esas pertenencias, nos llenamos de energía y estamos listos para lo que se presente.

Con esa idea en mente podemos sentirnos tentados a intentar arreglar las cosas inmediatamente y crear la «ilusión» de un espacio ordenado y despejado. Iremos a la tienda, compraremos algunos recipientes bonitos y crearemos una habitación minimalista *tout de suite*. Por desgracia, guardarlo todo en cajones, cestos y botes no es la solución; el «ojos que no ven, corazón que no siente» no sirve en este caso. Las cosas guardadas (ya sea en el clóset del recibidor, en el sótano o en una bodega en la otra punta de la ciudad) también las tenemos presentes. Para liberarnos mentalmente tenemos que deshacernos de las cosas, pero de verdad.

Otro elemento que cabe tener en cuenta es que, además de agobiarnos física y mentalmente, lo material nos esclaviza económicamente a través de la deuda que contraemos para pagarlo. Cuanto más dinero debemos, peor dormimos y más limitadas son nuestras oportunidades. No es fácil levantarse cada mañana para ir a un trabajo que no nos gusta y poder pagar así cosas que tal vez ya no tengamos, o que no utilizamos, o que ni siquiera queremos. ¡Se nos ocurren tantas cosas que preferiríamos estar haciendo! Además, si nos gastamos el sueldo en bienes de consumo, agotamos los recursos para emprender otras actividades más satisfactorias, como un curso de arte o un negocio prometedor.

Los viajes nos permiten establecer una perfecta analogía con la libertad de una vida minimalista. Piensa en lo pesado que resulta andar por ahí con dos o tres maletas cargadas cuando estás de vacaciones. Llevas mucho tiempo pensando en el viaje, y al bajar del avión estás impaciente por verlo todo. Pero no tan rápido: primero tienes que esperar (y esperar... y esperar) a que aparezcan tus maletas en la cinta transportadora. Después, tienes que arrastrarlas para salir del aeropuerto. Es posible que vayas a la parada de taxis, ya que maniobrar con ellas en el metro sería casi imposible. Y olvídate de ir a dar una vuelta; tienes que ir directamente al hotel para deshacerte de esa enorme carga. Cuando finalmente llegas a la habitación, estás agotado.

Por desgracia, guardarlo todo en cajones, cestos y botes no es la solución.

El minimalismo, por su parte, te brinda agilidad. Imagina que viajas con solo una mochila ligera; la experiencia es, sin duda, estimulante. Llegas a tu destino, sales del avión y te escabulles entre la gente que espera su equipaje. Entras en el metro, tomas un autobús o caminas hacia el hotel. Durante el trayecto disfrutas de las vistas, los sonidos y los olores de una ciudad desconocida, con el tiempo y la energía suficientes para saborearlo todo. Tienes movilidad y flexibilidad, y eres libre como un pájaro; puedes entrar con tu mochila en museos y lugares turísticos, y guardarla en paquetería si lo necesitas.

En contraste con el supuesto de las maletas, te mueves con soltura y te pasas la tarde visitando la ciudad en lugar de tener que cargar con tus cosas. Llegas al hotel entusiasmado por la experiencia y listo para continuar.

Cuando dejamos de estar encadenados a nuestras posesiones, saboreamos la vida, nos ponemos en contacto con los demás y participamos en nuestras comunidades. Estamos más abiertos a las experiencias y más capacitados para identificar y aprovechar las oportunidades. Cuanto menos equipaje arrastremos (física y mentalmente), ¡más podremos vivir!

5

Desapégate de tus cosas

El budismo zen nos enseña que, para ser felices, debemos dejar de lado nuestros apegos mundanos. De hecho, Bash, un famoso poeta conocido por sus haikus, escribió:

Desde que ardió mi casa
veo mejor
la luna naciente.

¡He ahí alguien despojado de todas sus posesiones!

No es necesario llegar a tales extremos, pero haríamos bien en cultivar una actitud similar de falta de apego. Desarrollar esa actitud nos facilitará en gran medida despejar nuestras casas (por no mencionar el dolor que nos ahorraremos si nuestras pertenencias desaparecen por otras causas, como robos, inundaciones, incendios o embargos).

Por tanto, dedicaremos este capítulo a realizar ejercicios mentales para dejar de estar tan enganchados a nuestras pertenencias. Para conseguir nuestros objetivos tendremos que estirarnos, calentar y prepararnos para la tarea que se nos avecina. En las siguientes páginas ejercitaremos los músculos minimalistas (y ganaremos en fortaleza y flexibilidad psicológica, que necesitaremos para enfrentarnos a nuestras cosas).

Empezaremos con algo fácil para entrar en calor: imaginemos la vida sin nuestras cosas materiales. Es sencillo; en realidad no tenemos que imaginarlo, basta con que lo recordemos.

Muchos de nosotros recordamos la juventud como una de las épocas más felices y despreocupadas de nuestras vidas. No importa si vivíamos en una caja de zapatos (en muchos casos, compartida con dos o tres personas más) y apenas teníamos dinero. No era que no pudiéramos permitirnos ropa de marca, relojes bonitos o aparatos electrónicos. Todas nuestras posesiones cabían en unas pocas cajas, y no nos preocupábamos por las reparaciones del coche, por el mantenimiento de la casa ni tampoco por llevar la ropa a la tintorería. Lo poco que teníamos era muy secundario con respecto a nuestra vida social.

¿Crees que esa libertad es cosa del pasado? No necesariamente. Muchos de nosotros tenemos la oportunidad de revivir nuestra existencia «sin pertenencias» una o dos veces al año, cuando nos vamos de vacaciones. De hecho, el término *vacaciones* procede del latín *vacare*, que significa «vaciar». ¡No es de extrañar que nos guste tanto alejarnos de todo!

Piensa en la última vez que fuiste a acampar, por ejemplo. Llevaste todo lo necesario para tu comodidad y supervivencia en una mochila. Apenas te importó tu aspecto, y te las arreglaste perfectamente bien con la ropa que llevabas en la mochila. Preparaste la cena en una cacerola sobre una hoguera y cenaste con un plato, un vaso y un tenedor, nada más. La tienda, el más sencillo de los cobijos, te mantuvo caliente y seco. Tus posesiones mínimas estaban en armonía con tus necesidades, de manera que tuviste mucho tiempo para relajarte y disfrutar de la naturaleza.

¿Por qué, entonces, necesitamos mucho más cuando volvemos a la vida «real»? Bueno, lo cierto es que no es así, y esa es la base de estos ejercicios. Llegaremos a reconocer que gran parte de lo que nos rodea no es necesario para nuestra salud y nuestra felicidad.

Ahora que ya estamos un poco relajados, vamos a pasar al siguiente nivel: imagina que te trasladas a un país extranjero. Pero no empieces llamando al almacén más cercano, porque se trata de un traslado permanente. No puedes apilar tus cosas en una bodega pensando que vas a volver. Además, transportar objetos a grandes distancias resulta complicado y caro, así que tendrás que quedarte únicamente con lo imprescindible.

Revisa el contenido de tu casa y decide exactamente qué te llevarás. ¿Tu guitarra vieja y descascarada pasará la prueba? ¿Qué me dices de tu colección de animales de porcelana? ¿Vas a dedicar un valioso espacio en el transporte a ese suéter tan feo que te regalaron hace tres navidades, los zapatos que te destrozan los pies a los quince minutos de llevarlos puestos o aquel cuadro que heredaste, pero que nunca te gustó? ¡Por supuesto que no! ¿No te sientes bien? Resulta sorprendente de cuántas cosas puedes deshacerte cuando, de repente, tienes «permiso».

Muy bien, ya estás en marcha. Ahora toca un ejercicio difícil: en plena noche te despierta el sonido penetrante de la alarma de incendios. ¡Vaya por Dios! Dispones de solo unos minutos (tal vez segundos) para decidir qué vas a salvar mientras sales corriendo de casa.

En el panorama global, nuestras posesiones no son tan importantes.

Es cierto que en esas circunstancias no tendrás mucho margen para tomar decisiones y deberás fiarte principalmente de tu instinto. Si dispones de tiempo, es posible que recojas algunos archivos importantes, el álbum familiar de fotos y tal vez la computadora. Sin embargo, es más probable que tengas que sacrificar todas tus cosas para ponerte a salvo junto a tu familia y tus mascotas. En ese momento no te importarán nada todas esas «cosas» que te llegaron a obsesionar tanto en el pasado.

¡Uf! Vamos a relajarnos un momento después del mal trago, a recuperar el latido normal de nuestros corazones. De hecho, vamos a tranquilizarnos tanto que el corazón dejará de latir. ¿Cómo?

Por mucho que nos disguste pensar en ello, nuestro tiempo en este planeta se agotará algún día y, por desgracia, podría ocurrir antes de lo que pensamos. Y ¿qué pasará después? Que alguien revisará nuestras cosas. ¡Diablos! Menos mal que no podremos sonrojarnos, porque podría ser una situación realmente embarazosa.

Nos guste o no, lo que dejamos atrás se convierte en parte de nuestro legado, y supongo que ninguno de nosotros quiere que se nos recuerde como chatarreros o ropavejeros. ¿No preferirías que te recordaran como alguien que vivió ligero de equipaje y airoso, con tan solo lo básico y alguno que otro objeto especial?

Date un poco de tiempo para catalogar mentalmente tu «herencia». ¿Qué historia explican tus pertenencias de ti? Esperemos que no sea algo del tipo: «Vaya, tenía verdadera afición por los moldes», o «qué raro, no sabía que coleccionara calendarios viejos». Haz un favor a tus herederos y no les obligues a tener que limpiar una casa llena de triques cuando tú ya no estés. De lo contrario, cuando eches un vistazo desde el más allá, es probable que veas a un montón de desconocidos manoseando tus «tesoros» en cualquier tianguis.

De acuerdo, lo prometo, se acabó el pesimismo. ¡Este es un libro alegre! La cuestión es que un sobresalto con respecto a nuestras rutinas cotidianas (ya sea en forma de vacaciones o de desgracia) nos ayuda a poner en perspectiva nuestras cosas. Esos supuestos nos sirven para entender que en el panorama global, nuestras posesiones no son tan importantes y, al ser conscientes de ello, podremos debilitar el poder que ejercen sobre nosotros y estar listos (y dispuestos) para desprendernos de ellas.

6

Actúa como un buen conserje

El escritor y diseñador británico William Morris escribió una de mis frases minimalistas preferidas: «No tengas nada en casa que no sea útil o que no consideres bonito». Es un consejo maravilloso, pero ¿exactamente cómo lo ponemos en práctica? Al fin y al cabo, no metemos en casa objetos inútiles o feos a propósito, pero esos indeseables acaban haciéndose un hueco de todos modos. ¿La solución? Convertirse en un buen conserje.

El concepto es bastante sencillo. Los objetos llegan a nuestras casas por dos vías: los compramos o nos los dan. Por mucho que nos gustaría creerlo, no se cuelan en casa para refugiarse de la intemperie cuando no miramos. No se materializan de la nada ni se reproducen a nuestras espaldas (excepto, quizá, los clips y los moldes). Por desgracia, la responsabilidad recae directamente en nosotros, que somos los que les permitimos la entrada.

Mientras revisas tus posesiones, pregúntate cómo llegó a tu vida cada una de las cosas que tienes. ¿La buscaste, pagaste por ella y te la llevaste entusiasmado a tu casa? ¿Te siguió a casa tras aquella conferencia en Chicago o aquel viaje a Hawái? ¿O se coló disfrazada con un papel vistoso y un moño bonito?

Nuestras casas son nuestros castillos, y dedicamos abundantes recursos a defenderlas. Las fumigamos para mantener a raya a los insectos, utilizamos filtros de aire para evitar las sustancias contaminantes e instalamos sistemas de seguridad para mantener alejados a los intrusos. ¿Qué nos falta? ¡Un bloqueador de objetos que impida la entrada de triques en casa! Dado que todavía no existe un producto así en el mercado (y si aparece en el futuro, sabes que aquí escuchaste hablar de él primero), debemos abordar la cuestión por nuestra cuenta.

Lo único que tenemos que hacer es pararnos a preguntarnos «¿por qué?» antes de comprar.

Tenemos el poder de ejercer un control absoluto sobre lo que compramos. No permitas que bajen tus defensas cuando entre algo en el carrito del super; de hecho, no lleves nada a la caja sin hacerte las siguientes preguntas (¡mentalmente!) por cada posible adquisición: «¿Mereces un lugar en mi casa?», «¿Qué valor aportarás a mi casa?», «¿Me vas a facilitar la vida?», «¿O me vas a dar más problemas?», «¿Tengo un sitio donde colocarte?» «¿Ya tengo algo igual?» «¿Querré conservarte para siempre (o durante mucho tiempo)?», «En caso negativo, ¿me costará mucho deshacerme de ti?». Esta última pregunta me salvó de llevarme a casa una maleta llena de recuerdos de Japón, porque cuando algo va unido a un recuerdo, es muy difícil deshacerse de ello.

¿Lo ves? No es tan difícil. Lo único que tenemos que hacer es pararnos a preguntarnos «¿por qué?» antes de comprar. Sin embargo, ¿qué pasa con aquello que no decidimos adquirir (y que, en algunos casos, ni siquiera queremos)? Hablo de regalos, obsequios y objetos promocionales. Puede ser difícil (o de mala educación) rechazarlos, pero cuando se hacen con un hueco en casa, resulta todavía más difícil desalojarlos.

La mejor defensa es un buen ataque, sobre todo cuando se trata de los obsequios promocionales. Aprender a rechazarlos educadamente es una técnica muy útil que te servirá más veces de las que imaginas. Rechaza imanes, bolígrafos y pisapapeles con logos de empresa, y pide en su lugar una tarjeta. No te lleves muestras de cosméticos en el centro comercial (eh, un momento, ¿qué hacías en el centro comercial?), ni de detergentes en el supermercado. Rehúsa la tostadora cuando abras una cuenta en el banco y pide un depósito equivalente en efectivo (¡vale la pena intentarlo!). Y, sobre todo, no te lleves las botellitas de gel y champú de los hoteles. A menos que realmente pienses utilizarlos, no permitas que esas miniaturas se acumulen en tus anaqueles.

Los regalos, por su parte, requieren una estrategia distinta. En general, rechazarlos no es una opción. Creo que lo mejor es aceptarlos con educación, sin exagerar los gestos de gratitud (de lo contrario, ¡recibirás más!). A continuación tendremos que concentrar nuestros esfuerzos en evitar que nos hagan más regalos (por ejemplo, retirándonos de los intercambios de regalos) y en ver qué hacemos con los que ya hemos recibido, pero no queremos. En el capítulo 28 trataremos este espinoso tema con detalle.

Para ser un buen conserje tienes que pensar que tu casa es un espacio sagrado, no una bodega. No estás obligado a dar cobijo a cualquier objeto que se cruce en tu camino. Cuando uno intente colarse o fascinarte, recuerda que tienes el poder de negarle la entrada. Si el objeto no va a aportar nada a tu vida en cuanto a utilidad o belleza, cuelga el cartel de «lleno». Una simple negativa de entrada te ahorrará mucho trabajo después.

7

Haz sitio al espacio

Espero que te gusten las citas, porque voy a empezar este capítulo con otra de mis favoritas: «La música es el espacio entre las notas». Y esta es mi interpretación de las palabras del compositor Claude Debussy: la belleza requiere cierto vacío para ser apreciada; de lo contrario, solo tenemos caos y cacofonía.

En lo que nos concierne, daremos un giro minimalista a esta idea y diremos que «la vida es el espacio entre nuestras pertenencias». El exceso y la acumulación pueden sofocar nuestra creatividad y hacer que nuestras vidas resulten discordantes. Por el contrario, cuanto más espacio tengamos, con más belleza y armonía podremos vivir.

En realidad, el espacio no es gran cosa, pero parece que nunca tenemos suficiente. La falta de sitio nos angustia a más no poder; haríamos casi cualquier cosa para tener más espacio en casa, en los clósets o en el garaje. Recordamos que teníamos muchísimo en el pasado, y su desaparición nos preocupa. Miramos a nuestro alrededor perplejos y nos preguntamos: «¿Dónde está todo el espacio que teníamos?».

Guardamos gratos recuerdos del primer día en que pusimos un pie en nuestra casa; ¡oh, todo aquel espacio maravilloso! Pero ¿qué pasó? Ya no es tan impresionante como lo recordábamos. Pues bien, nuestro espacio no se fue a ninguna parte. Está exactamente donde lo dejamos. El espacio no ha cambiado, pero nuestras prioridades sí. Prestamos tanta atención a lo material que nos olvidamos por completo del espacio. Perdimos de vista el hecho de que ambos se excluyen mutuamente, de que con cada cosa nueva que entra en casa, desaparece un poco de espacio. El problema es que damos más valor a las cosas que al espacio.

La buena noticia es que, aunque el espacio se pierda con facilidad, también es muy sencillo de recuperar. Líbrate de una sola cosa y... ¡*voilà*! ¡Espacio! Deshazte de otra y... ¡*voilà*! ¡Más espacio! Todos esos pequeños espacios formarán muy pronto un gran espacio, y podremos movernos otra vez por esa zona. ¡Aprovecha todo ese espacio recuperado y brinca de alegría!

Lo que debemos recordar (y resulta muy fácil de olvidar) es que la cantidad de cosas que podemos poseer está limitada por el espacio del que disponemos para contenerlas. Es pura física. Por mucho que rellenemos, estrujemos o empujemos, eso no cambiará. Aunque guardes las cosas en bolsas «mágicas» al vacío, tendrán que ir a parar a alguna parte. Por tanto, si vives en un departamento pequeño, o si no dispones de muchos anaqueles, no puedes meter muchas cosas en casa. Punto.

Aunque el espacio se pierda con facilidad, también es muy sencillo de recuperar.

Por esa misma regla de tres, no es necesario que llenemos todo el espacio del que disponemos. Recuerda que el espacio tiene el mismo valor que las cosas (o más, según lo mires). Si vives en una casa de ciento veinte metros cuadrados, no es necesario que adquieras ciento veinte metros cuadrados de cosas. Si tienes la suerte de contar con un vestidor, no tienes por qué llenarlo hasta el último milímetro. ¡En serio! De hecho, vivirás y respirarás con mucha más comodidad si no lo haces.

En la introducción comentamos someramente el valor de los recipientes, y que tienen el mayor potencial cuando están vacíos. Si queremos disfrutar de una taza de té, necesitamos una taza vacía para servirlo. Si queremos preparar una comida, necesitamos un recipiente vacío para cocinar en él. Si queremos bailar un tango, necesitamos una sala vacía para movernos.

De igual forma, nuestras casas son los recipientes de nuestra vida doméstica. Para relajarnos, crear y jugar con nuestra familia necesitamos un poco de espacio vacío. También podemos imaginar nuestra casa como el escenario de nuestra vida. Para que la actuación sea sublime, tenemos que poder movernos y expresarnos libremente; no tiene nada de divertido (y no es elegante) andar por ahí tropezando con el atrezo.

Asimismo, necesitamos espacio para nuestras ideas y nuestros pensamientos: una habitación caótica casi siempre conduce a una mente caótica. Pongamos que estás sentado en el sofá, leyendo o escuchando música, y un pensamiento muy profundo se apodera de tu imaginación; de repente comprendes la naturaleza humana o estás a punto de descubrir el significado de la vida. Estás ensimismado, resolviendo los misterios de la humanidad, cuando tu mirada se detiene en la pila de revistas de la mesita, o en la máquina de coser rota de la esquina. «Hum... tengo que ocuparme de eso —piensas—. A ver si tengo tiempo antes de la cena». De inmediato, tu mente se desvía y pierdes el hilo del pensamiento. Y, con él, tu legado como gran filósofo.

Por supuesto, no es necesario que invoques a Aristóteles para apreciar un entorno despejado y ordenado. Incluso las actividades más mundanas se benefician enormemente del espacio y de un entorno despejado; por ejemplo, resulta mucho más fácil prestar toda tu atención a tu pareja o a tu bebé cuando no hay montones de trebejos alrededor que te confunden y te distraen.

De hecho, eso es lo mejor del espacio: hace que las cosas (y las personas) que son realmente especiales para nosotros cobren todo el protagonismo. Si tuvieras un cuadro precioso, no lo amontonarías con otros objetos de decoración, sino que lo colgarías solo, con suficiente espacio alrededor para que luzca. Si tuvieras un jarrón exquisito, no lo enterrarías entre un montón de triques, sino que lo colocarías en su propio pedestal. Tenemos que tratar lo que es importante para nosotros con ese respeto, y eso implica eliminar todo aquello que no sea tan importante.

Al crear espacio en nuestras casas, volvemos a centrar la atención donde debe estar: en lo que hacemos, y no en lo que poseemos. La vida es demasiado corta para malgastarla preocupándonos por lo material. Cuando seamos viejos, no nos emocionaremos al recordar las cosas que tuvimos, sino lo que hicimos en los espacios que habitan entre nuestras pertenencias.

8

Disfruta sin poseer

Y¿si alguien te ofreciera *La Mona Lisa* con la condición de no venderla? Sin duda, tendrías la oportunidad de contemplar un cuadro espectacular las veinticuatro horas del día, pero, de repente, sentirías que recae en ti la responsabilidad de custodiar uno de los mayores tesoros de la humanidad. Tendrías que hacer un gran esfuerzo para mantenerlo a salvo de robos, evitar que se acumulara el polvo, protegerlo del sol y conservarlo a la temperatura y humedad adecuadas. Además, tendrías que lidiar con el flujo continuo de amantes del arte que desearían ver el cuadro. Con toda probabilidad, el placer de tenerlo se vería sustituido por el agobio de mantenerlo. Antes de que te dieras cuenta, esa misteriosa sonrisa dejaría de resultarte tan encantadora.

Pensándolo bien, gracias pero no, ¡que se quede en el Louvre!

En nuestra sociedad moderna tenemos la increíble suerte de poder disfrutar de numerosas obras maestras sin necesidad de adquirirlas y mantenerlas en nuestras casas. Nuestras ciudades son impresionantes fuentes de arte, cultura y ocio, de modo que no tenemos necesidad de crear aproximaciones artificiales dentro de nuestras cuatro paredes.

Aprendí esa lección hace unos años, recién salida de la universidad. Había estudiado Historia del arte y trabajaba medio tiempo en una galería de arte contemporáneo. Asistí a montones de exposiciones, leí muchísimos artículos y me creía toda una experta.

Así que, cuando me surgió la oportunidad de comprar un grabado de un artista conocido, no la dejé escapar. Era un gran paso en mi vida de joven adulta y de futura coleccionista de arte.

El placer de la adquisición se difuminó un poco cuando me vi ante la responsabilidad (y el gasto) de enmarcar la obra adecuadamente. Después tuve que enfrentarme a la cuestión de dónde colocarla. Naturalmente, no me había puesto a pensar cómo quedaría una obra de arte moderno en mi departamento de antes de la guerra. Tampoco había tenido en cuenta aspectos como la iluminación, los destellos y las líneas de visión. Al final lo coloqué encima de la chimenea. Aunque chocaba un poco con los mosaicos, quería que fuera la pieza central de mi decoración (al fin y al cabo, había pagado mucho dinero).

Una vez solucionado todo eso, por fin pude sentarme y admirar mi tesoro. Imagina mi sorpresa cuando un día me encontré un bichito negro justo en medio de mi precioso grabado. No me explicaba cómo había podido meterse entre la obra y el cristal, pero no podía hacer nada, así que tuve que dejarlo allí.

A pesar de todo, exhibí el grabado con orgullo, y lo envolví con cuidado para llevármelo cuando me mudé. El contrato del nuevo departamento prohibía hacer agujeros en las paredes, de modo que el grabado acabó ocupando un lugar menos elegante, el suelo. Después de varias mudanzas, cada vez me entusiasmaba menos la idea de buscarle un nuevo lugar. Se pasó cinco años envuelto en papel burbuja, en un clóset, hasta que finalmente lo vendí. A partir de aquel momento decidí dejar el arte para los museos y visitarlos cuando tuviera ganas.

Lo cierto es que encontrar el modo de «disfrutar sin poseer» es una de las claves de un hogar minimalista. Un buen ejemplo son esas máquinas para preparar capuchinos que acumulan polvo en la cocina. En teoría, parece muy cómodo (y hasta un punto decadente) poder prepararte una taza de espumoso café en la comodidad del hogar. En la práctica, es un engorro preparar, programar y limpiar el aparato, y para rematar, el capuchino no está tan bueno como parece. En cierto modo resulta menos «especial» si podemos prepararlo en cualquier momento. Después de servir de meseros unas cuantas veces, nos damos cuenta de que

45

es mucho más divertido ir a la cafetería y disfrutar del ambiente mientras nos tomamos un café.

En la búsqueda de un estilo de vida minimalista debemos resistir la tentación de recrear el mundo exterior dentro de nuestras viviendas. En lugar de equipar tu casa como un cine, un gimnasio o un patio con aire de balneario, con el consiguiente mantenimiento que conlleva, ve al cine, sal a correr o ve al parque o a la piscina. De ese modo podrás disfrutar de esas actividades sin tener que almacenar y mantener todas esas cosas.

Si eres especialmente propenso a comprar cosas bonitas, convierte el «disfrutar sin poseer» en tu mantra cuando vayas de compras. Admira la delicadeza de una figurita de cristal, la artesanía de un brazalete antiguo o los colores intensos de un jarrón hecho a mano, pero no te los lleves a casa, déjalos donde están. Piensa que estás dando una vuelta por un museo, que es una oportunidad para admirar la belleza y el diseño de objetos bien hechos, sin la posibilidad (o la presión) de poseerlos. Yo hago lo mismo cuando navego por internet y, sinceramente, disfruto tanto viendo las fotos como lo haría si hubiera comprado esos objetos.

En la búsqueda de un estilo de vida minimalista debemos resistir la tentación de recrear el mundo exterior dentro de nuestras viviendas.

En nuestro viaje hacia el minimalismo queremos reducir la cantidad de objetos que tenemos y que exigen cuidados. Por suerte, hay muchas posibilidades de ponerlo en práctica: basta con desplazar algunas actividades al ámbito público. De hecho, se produce un maravilloso efecto secundario. Cuando visitamos un parque, un museo, un cine o una cafetería (en lugar de querer recrear experiencias similares en casa), nos sentimos más activos socialmente y más comprometidos con la comunidad. Al derribar los muros de objetos que nos rodean, podemos salir al mundo y disfrutar de experiencias más auténticas, directas y satisfactorias.

9

La alegría de lo suficiente

El filósofo chino Lao Tse, autor de *Tao Te Ching*, escribió: «Es rico aquel que sabe que tiene suficiente».

Suficiente, un concepto resbaladizo. Lo que es suficiente para uno es muy poco para otro y demasiado para el de más allá. La mayoría de nosotros estaríamos de acuerdo en que tenemos suficiente comida, agua, ropa y cobijo para satisfacer nuestras necesidades básicas. Y, probablemente, cualquiera que lea este libro pensará que tiene suficientes cosas. Entonces, ¿por qué seguimos sintiendo la urgencia de comprar —y poseer— más cosas?

Vamos a analizar la palabra *suficiente* un poco más de cerca. La Real Academia Española la define como «bastante para lo que se necesita». Pero hay un problema: aunque tengamos nuestras necesidades cubiertas, queda la cuestión de los deseos. Para experimentar la alegría de lo «suficiente» tenemos que centrarnos en esa cuestión. En realidad, es muy sencillo: la felicidad consiste en amar lo que se tiene. Cuando los deseos se satisfacen con las cosas que ya se tienen, no hay necesidad de adquirir nada más. Sin embargo, los deseos pueden ser muy inoportunos. Para controlarlos debemos entender qué los impulsa.

Imaginemos que vivimos en medio de la nada, sin acceso a la televisión ni a internet, sin revistas ni periódicos. Aunque vivamos de manera sencilla, estamos perfectamente satisfechos con lo que tenemos. No pasamos frío, estamos bien alimentados y a salvo de los elementos. En resumen, tenemos suficiente. Un día, una familia construye una casa junto a la nuestra, más grande y más llena de cosas. De repente, nuestro «suficiente» ya no nos lo parece tanto. Van llegando más familias, todas con distintos tipos de casas, coches y objetos; ¡madre mía, no nos habíamos dado cuenta de cuántas cosas no tenemos! Una conexión por satélite nos trae la televisión e internet, y nos asomamos a las lujosas vidas de los ricos y famosos. Seguimos teniendo las mismas posesiones que antes (con las que, hasta el momento, estábamos perfectamente satisfechos), pero ahora no podemos evitar sentir que nos faltan cosas.

¿Qué ha ocurrido? Hemos sido víctimas del clásico dilema de no ser menos que los demás. De repente, ya no medimos nuestro «suficiente» en términos objetivos (¿es nuestra casa suficiente para nuestra familia?), sino relativos (¿es nuestra casa tan bonita, grande o nueva como la del vecino?). Y, lo que es peor, el problema se agrava porque el listón sigue moviéndose: cuando llegamos al nivel de uno de los vecinos, nos centramos en el siguiente. Afrontémoslo, siempre habrá alguien que tenga más que nosotros. A menos que creamos realmente que nos convertiremos en las personas más ricas del mundo, resulta inútil definir nuestra «riqueza» comparándonos con los demás. Lo gracioso es que ni siquiera los multimillonarios son inmunes a este fenómeno, ya que compiten por el tamaño de sus barcos. Si conformarse con lo que uno tiene está incluso fuera del alcance de los más opulentos, ¿qué sentido tiene?

La cuestión es que, una vez cubiertas nuestras necesidades básicas, la felicidad tiene muy poco que ver con la cantidad de cosas materiales que poseemos. Pasado ese punto, la utilidad (o satisfacción) marginal que se obtiene al consumir más productos disminuye rápidamente. Es más, se convierte en negativa en el punto que los economistas denominan «punto de saciedad» (tal vez sea esa la razón por la que estás leyendo este libro). Es por eso que tener «más» casi nunca nos satisface, y en algunos casos, incluso nos resta felicidad. Por tanto, el deseo de ser más que el vecino es un engaño del que las únicas que salen beneficiadas son las empresas que venden los productos. Seríamos más felices, y estaríamos más relajados y satisfechos, si nos desentendiéramos por completo de la búsqueda de tener «más».

Cultivar una actitud de gratitud es mucho más propicio para un estilo de vida minimalista. Si reconocemos la abundancia en nuestra vida y valoramos lo que tenemos, no desearemos más. Simplemente debemos centrarnos en lo que poseemos, en vez de en aquello de lo que carecemos. Si hacemos comparaciones, tienen que ser globales además de locales; tenemos que mirar también hacia abajo, no solo hacia arriba. Aunque podemos sentirnos en desventaja en relación con los más ricos de nuestro país, vivimos como reyes en comparación con muchas otras personas de todo el mundo.

Una vez cubiertas nuestras necesidades básicas, la felicidad tiene muy poco que ver con la cantidad de cosas materiales que poseemos.

Hubo un tiempo en que me sentía insatisfecha porque mi casa solo tenía un cuarto de baño. ¡Qué poco práctico es que la naturaleza te llame y alguien se esté bañando! ¡Qué incómodo si hay que compartirlo con algún invitado! Entonces, un día llegó a mis manos un libro maravilloso: *Material World: A Global Family Portrait* [Mundo material: un retrato de familia global], de Peter Menzel. Presentaba a familias «medias» de todo el mundo, fotografiadas delante de sus casas con todas sus posesiones a su alrededor. Si alguna vez te has sentido en desventaja, hojea ese libro. Resulta verdaderamente revelador ver lo poco que tienen algunos; aprendí, por ejemplo, que en ciertos lugares del mundo no existen los baños adentro de la casa. Me dio una nueva perspectiva de mi abundancia relativa, y entendí que era muy afortunada por tener un baño.

Ahora que comprendemos mejor qué lugar ocupamos en el

mundo (no solo en comparación con los famosos o con nuestros vecinos), vamos a zanjar el tema de lo «suficiente» con un pequeño ejercicio. Es muy sencillo; solo necesitas lápiz y papel (o la computadora, si lo prefieres). ¿Listo? Recorre tu casa y haz una lista de todo lo que tienes. Sé que algunos estarán leyendo esto sin poder creerlo, pero no, no estoy bromeando. Incluye en la lista cada libro, cada plato, cada tenedor, cada camiseta, cada zapato, cada sábana, cada bolígrafo, cada trebejo (en resumen, todos y cada uno de los objetos) que hay en tu casa. ¿Demasiado difícil? Prueba con una sola habitación. ¿Así tampoco? Inténtalo con un solo cajón. Parece agobiante, ¿verdad? ¿Todavía crees que no tienes suficientes cosas?

10

Vive una vida sencilla

Mahatma Gandhi dijo: «Vive más sencillamente para que otros puedan sencillamente vivir». Esa podría ser la mayor motivación para convertirte en minimalista.

Ahora que estamos pensando globalmente, planteémonos lo siguiente: compartimos el mundo con más de siete mil millones de personas. El espacio y los recursos son finitos. ¿Cómo podemos garantizar que haya suficiente comida, agua, tierra y energía para todos? Pues no utilizando más de lo que necesitamos. Por cada «extra» del que nos apropiemos, alguien (ahora o en el futuro) se quedará sin su parte. Puede que ese «extra» no suponga gran cosa para nuestro bienestar, pero para otra persona podría ser una cuestión de vida o muerte.

Tenemos que ser conscientes de que no vivimos en un vacío, de que las consecuencias de nuestros actos se propagan por todo el mundo. ¿Seguirías dejando el grifo abierto mientras te lavas los dientes si eso significara que otra persona pasara sed? ¿Seguirías conduciendo un coche que consume mucho combustible si supieras que la escasez mundial de petróleo provocaría pobreza y caos? ¿Te construirías una casa descomunal después de presenciar de primera mano los efectos de la deforestación? Si entendiéramos el impacto de nuestro estilo de vida, es posible que optaríamos por vivir de un modo más sencillo.

Nuestras decisiones como consumidores influyen directamente en el medio ambiente. Cada artículo que compramos, desde comida hasta televisiones y coches, consume parte de la riqueza de la Tierra. Y no se trata únicamente de que consuma energía y recursos naturales, sino de que su eliminación también tiene consecuencias. ¿Realmente queremos que nuestros nietos vivan entre gigantescos basureros? Cuanto menos necesitemos, mejor estaremos todos (y nuestro planeta). Por tanto, deberíamos reducir el consumo en la medida de lo posible y optar por productos y embalajes fabricados con la mínima cantidad de materiales (y que estos sean biodegradables o reciclables).

Lo que compramos también influye en los demás. Por desgracia, los subcontratistas internacionales han desplazado a las fábricas allí donde la mano de obra es barata y apenas existen reglamentaciones. Cada vez que compramos algo, debemos pensar dónde y quién lo ha fabricado. Nadie al otro lado del mundo debería trabajar en condiciones injustas, peligrosas o inhumanas para que nosotros podamos comprarnos otros *jeans*; tampoco el aire que respiran y el agua que consumen deberían quedar contaminados para que nosotros podamos disfrutar de un sofá nuevo. Tenemos que buscar artículos cuya producción enriquezca, y no destruya, las vidas y las comunidades de quienes los hayan fabricado.

Por supuesto, resulta casi imposible calcular el impacto de cada artículo que compramos. Deberíamos aprender por nosotros mismos del mejor modo posible, pero probablemente tardaríamos meses en recopilar la información necesaria para una sola compra. Por suerte, podemos sortear esa dificultad, y minimizar además el impacto que provocamos como consumidores, comprando productos locales, optando por artículos usados y consumiendo menos.

Comprar productos locales aporta unos beneficios éticos, medioambientales y económicos considerables. En primer lugar, aumenta la probabilidad de que los productos se hayan fabricado en condiciones de trabajo justas y humanas; es menos probable que exista un taller clandestino detrás de un escaparate de una calle comercial. En segundo lugar, se elimina el transporte a grandes distancias, con el consiguiente ahorro en energía. Los productos que recorren tan solo unos pocos kilómetros son considerablemente más amables con el planeta. En tercer lugar, nos ayuda a apoyar negocios que comparten nuestros valores, crean puestos de trabajo locales e invierten en nuestras comunidades.

La compra de artículos usados nos permite obtener lo que necesitamos sin mermar un poco más los recursos naturales. ¿Por qué malgastar materiales y energía en un producto nuevo cuando uno que ya existe nos servirá igual? En lugar de ir a un centro comercial, opta por tiendas de segunda mano para comprar muebles, electrodomésticos, dispositivos electrónicos, ropa, libros y juguetes, entre otros. Este tipo de establecimientos, los anuncios clasificados, las páginas web como eBay o nolotiro.org y las aplicaciones como Wallapop son auténticas minas de artículos usados en perfecto estado. Enorgullécete de ser el segundo (o el tercero, o el cuarto) propietario de algo, pues es una manera económicamente inteligente y ecológica de satisfacer las necesidades.

Al reducir el consumo para salvar el mundo, nuestras casas se mantienen limpias, sobrias y ordenadas.

Por último, comprar menos es la piedra angular del estilo de vida minimalista. Limitar las compras a lo esencial es el mejor modo de suavizar nuestro impacto como consumidores. De ese modo nos aseguramos de que, como individuos, somos menos responsables de la disminución de los recursos, del sufrimiento de muchas personas y de la generación de residuos. Si realmente no necesitamos otra sudadera u otros zapatos, no los compremos solo porque están de moda. Pensemos en los recursos utilizados para producirlos, en las fábricas en las que se producen, en el costo de transportarlos por todo el planeta y en el impacto final de su eliminación. Basemos nuestras decisiones de consumo en nuestras necesidades y en el ciclo vital completo de cada producto, no en que nos gusta el color o en que lo vimos en un anuncio.

Esta filosofía, además, nos ayuda a conseguir otros objetivos minimalistas, ya que al reducir el consumo para salvar el mundo, nuestras casas se mantienen limpias, sobrias y ordenadas.

Segunda parte

EL MÉTODO STREAMLINE

Ahora que ya adoptamos una actitud minimalista, estamos listos para ponerla en práctica. Los siguientes capítulos presentan el método STREAMLINE, (en inglés, «optimización»), diez técnicas infalibles para eliminar el desorden en nuestras casas y evitarlo para siempre. Son fáciles de aplicar y de recordar, dado que cada letra de la palabra *streamline* representa un paso concreto en nuestro proceso de limpieza. Cuando las dominemos, ¡ya nada nos podrá detener!

S	Siempre hay que volver a empezar
T	Trique, Tesoro o Traspaso
R	Razón de ser de cada objeto
E	En cada lugar, una cosa, y cada cosa en su lugar
A	Apartarlo todo de las superficies
M	Módulos
L	Límites
I	Intercambio: entra uno, sale uno
N	Nada de ser permisivo: restringe
E	El mantenimiento diario

11

Siempre hay que volver a empezar

Lo más difícil de cualquier tarea es saber por dónde empezar. Cuando contemplamos nuestras casas, vemos montones de cosas por todas partes: en los rincones, en los clósets, en los cajones, en los vestidores, en las despensas, en las cubiertas y en los estantes. Además, es posible que tengamos objetos fuera de la vista en sótanos, áticos, garajes y bodegas; sin embargo, aunque no las veamos, no nos olvidamos de ellas. Si te sientes agobiado, no desesperes; no estás solo.

En ocasiones parece que lo único que puede acabar con la acumulación en nuestras casas es una especie de fenómeno natural o una circunstancia extrema. Por desgracia, el orden no se consigue de manera instantánea, sino que es algo en lo que tenemos que trabajar, poco a poco y a conciencia. No obstante, he aquí la buena noticia: cuando empecemos a agarrarle el gusto, se nos dará cada vez mejor y, lo creas o no, ¡acabará siendo divertido!

De hecho, no imaginaba lo vigorizada que me sentí cuando tiré la primera bolsa de basura. Lo que esperaba que fuera una tarea aburrida y bastante pesada resultó ser muy estimulante. Me enganché de inmediato. Hacía limpieza por la mañana, por la tarde, los fines de semana y hasta en sueños (¡en serio!). Cuando no estaba ordenando, estaba planificando qué eliminaría en la próxima sesión. Era como si me quitara un peso de encima, literalmente. Cada vez que era especialmente productiva, revoloteaba por mi nuevo espacio vacío con una enorme sonrisa en la cara (¡te dije que era divertido!).

Antes de empezar, regresemos al día en que llegamos a nuestra vivienda. Nos paseamos por las estancias vacías, imaginando cómo sería la vida entre sus paredes. ¡Qué maravilloso era disfrutar del espacio antes de empezar a vaciar cajas! Era un hermoso lienzo en blanco, vacío y con mucho potencial, listo para ser personalizado con nuestro toque especial. Disfrutamos con la idea de hacer borrón y cuenta nueva. Qué fabulosa oportunidad para empezar de cero y hacer bien las cosas.

Ordenar resulta infinitamente más fácil si lo vemos desde la perspectiva de qué vamos a conservar, en lugar de decidir qué vamos a tirar.

Nos propusimos desempacar todo poco a poco, de manera metódica, encontrando el lugar especial para cada objeto y deshaciéndonos de todo lo que no encajara. Esperábamos poner todo en perfecto orden. Pero entonces la vida se interpuso en nuestro camino: tuvimos que empezar en un nuevo trabajo, preparar a los niños para la escuela, alojar a invitados y arreglar la casa para hacer una fiesta de inauguración. Tuvimos que retirar las cosas rápidamente, perturbando lo menos posible nuestra vida diaria, y sin tiempo para juzgar el valor de cada objeto individual. Guardamos todo lo mejor que pudimos y dejamos las cajas vacías en el sótano.

Pues bien, ahora tenemos la oportunidad de volver a empezar. No vamos a vaciar la casa ni a dejar todo su contenido en el patio. Simplemente vamos a repetir el día de la mudanza, pero ahora nos tomaremos nuestro tiempo y descompondremos en pequeñas partes esta tarea tan colosal. Vamos a orquestar un nuevo comienzo para cada zona de nuestras casas. Iremos parte por parte, seleccionando un área que puede ser tan grande como una habitación o tan pequeña como un cajón, y empezaremos de nuevo, como si fuera el día en que nos mudamos.

La clave para empezar de nuevo consiste en sacarlo todo del área elegida. Si se trata de un cajón, dale la vuelta y vacía todo el contenido. Si es un clóset, déjalo completamente vacío. Si has elegido una caja de materiales para practicar tus aficiones, vacíala también completamente. Abordar una habitación entera resulta un poco más complicado, ya que necesitarás otro espacio para dejar todo lo que saques; lo más cómodo será usar la habitación contigua, así no tendrás que desplazarte mucho o subir y bajar escaleras cuando la reorganices. De no ser posible, considera la opción de utilizar el pórtico, el patio o el sótano como zonas de almacenamiento temporales. El esfuerzo que supone ir de aquí para allá con las cosas es lo único que podría frenarte.

No me cansaré de insistir en la importancia de vaciar «completamente» el área en la que vayas a trabajar. Estamos tan acostumbramos a ver ciertas cosas en determinados lugares que es como si se hubieran ganado el derecho de estar ahí (tanto si ese es el lugar que les corresponde como si no). Resulta tentador decir: «Bueno, como sé que no lo voy a tirar, no hace falta que lo saque. ¿Para qué lo voy a mover si después tendré que colocarlo otra vez?».

No lo hagas; sácalo todo, todos y cada uno de los objetos. A veces, el simple hecho de ver algo fuera de su sitio habitual (y ver qué bien se ve ese sitio sin ese objeto) cambia por completo nuestra perspectiva sobre el objeto en cuestión. La silla rota que ocupa un rincón del salón desde que tienes uso de razón parece haberse ganado el derecho de permanecer ahí; es como un miembro más de la familia y te parece desleal (o incluso un sacrilegio) deshacerte de ella. Sin embargo, cuando la veas en el patio, a plena luz del día, de repente te darás cuenta de que no es más que una vieja silla rota. ¿Quién querría meter eso en su casa? Sobre todo ahora que el rincón donde estaba luce tan limpio y espacioso...

Ordenar resulta infinitamente más fácil si lo vemos desde la perspectiva de qué vamos a conservar, en lugar de decidir qué vamos a tirar. Por eso esta técnica, la de empezar de nuevo (vaciarlo todo y después volver a colocar las cosas una por una), resulta tan eficaz. Seleccionas lo que de verdad te gusta y necesitas, y es mucho más divertido seleccionar las cosas que aprecias que las que vas a desechar. El encargado de un museo de arte empieza con una galería vacía y elige las mejores obras para embellecer el espacio. Del mismo modo, la técnica de empezar de nuevo nos convierte en encargados de nuestras casas. Decidiremos qué objetos embellecen nuestras vidas y únicamente esos serán los que vuelvan a ocupar nuestro espacio.

Recuerda que las cosas que elegimos para nuestros espacios explican nuestra historia. Esperemos que no sea del tipo «he decidido vivir en el pasado» o «soy incapaz de acabar lo que empiezo». Tratemos de que sea más bien algo así: «Vivo ligero y con elegancia, únicamente con los objetos que considero prácticos o bonitos».

12

Trique, Tesoro o Traspaso

Ahora que lo hemos vaciado todo, tenemos que seleccionarlo y decidir qué vamos a hacer con cada objeto. Separaremos las cosas en tres categorías: Trique, Tesoro y Traspaso. Para la primera categoría, prepara una bolsa de basura grande (bastará con una pequeña si solo vas a vaciar un cajón). Para las otras dos, utiliza cajas, bolsas de lona o lo que consideres conveniente para la zona que vas a abordar.

Prepara una caja extra y tenla a mano; la llamaremos «Dudosos Provisionales». A medida que realices la selección, encontrarás objetos que te plantearán la duda de si quieres conservarlos o no. Es posible que necesites un poco más de tiempo para decidir. Hay que evitar que los objetos difíciles te aparten del camino o interrumpan tu ritmo. Así, si eres incapaz de tomar una decisión rápida, déjalos en esa caja por el momento. Podrás revisarla más tarde y decidir a qué categoría va a parar cada cosa.

Lo cierto es que podrías acabar con una caja llena de Dudosos (incluso después de pensarlo dos veces). En ese caso, ponle cinta y anota la fecha con un rotulador indeleble. La guardarás en una zona de almacenamiento temporal, como el sótano, el ático, el garaje o al fondo de un clóset. Si al cabo de seis meses (o un año) no la has abierto para recuperar alguno de los objetos que contiene, llévala a la organización benéfica que consideres oportuna. Esa caja solo debe utilizarse como último recurso, no como una excusa para evitar tomar decisiones difíciles. La cuestión no es salvar esos objetos, sino salvar tu espacio de objetos que no tienes claro si necesitas.

Así que empecemos con los Triques; esta categoría es pan comido. Tira todo lo que veas claramente que son triques o basura, como envases de comida; ropa manchada o rota; cosméticos, medicinas y alimentos caducados; bolígrafos gastados; calendarios, periódicos y folletos viejos; publicidad; botellas y recipientes no reutilizables, y cualquier objeto roto que no se pueda o no valga la pena arreglar. Si no es suficientemente bueno para la beneficencia, tiene que ir a parar a este grupo.

¡Sé generoso! Algo que lleva tiempo en tu casa sin usar y sin despertar tu interés podría suponer una gran alegría para otra persona.

Sé que sabes que cuando hablo de «tirar», me refiero a «reciclar si es posible». Aunque no nos cueste nada deshacernos de ciertas cosas, no podemos perder de vista el medio ambiente. No creo que ninguno de nosotros quiera ser responsable de los desechos que formarán parte de un basurero durante los próximos cien años. Por tanto, inclínate hacia el buen karma y recicla lo que puedas (hacerlo con el cartón, el papel, el vidrio, el metal y algunos plásticos está al alcance de prácticamente todo el mundo). Por supuesto, antes de descartar algo, piensa si otra persona podría utilizarlo. En caso afirmativo, ponlo en el montón de Traspaso. Siempre es mejor enviar algo a un hogar digno que a un basurero o una planta de reciclaje (aunque cueste un poco más de tiempo y esfuerzo). Tenemos que responsabilizarnos de todo el ciclo vital de los artículos que compramos, incluida su correcta eliminación. Ten en cuenta estas cuestiones cuando vayas a comprar; de hecho, se trata de una manera muy eficaz de evitar las compras compulsivas.

La caja asignada a la categoría de Tesoro es para los objetos que vas a conservar, y debería contener únicamente lo que su nombre indica, aquello que aprecias de verdad, ya sea por su belleza o por su funcionalidad. Si hace más de un año que no utilizas un objeto determinado, probablemente no debería estar en este grupo. Considera la posibilidad de dárselo a alguien que pueda utilizarlo más; y si te cuesta mucho deshacerte de él, ponlo en la caja de Dudosos Provisionales. Nadie quiere ocupar un valioso espacio con cosas que no se utilizan; ¡tenemos que reservarlo para lo bueno! Lo mismo vale para trebejos, coleccionables y otros adornos: si no exhibes esos objetos con orgullo en un lugar destacado, y su presencia no te aporta auténtico placer, envíalos a un nuevo hogar donde sí reciban la atención que merecen.

Veamos, por último, la categoría de Traspaso. Aquí deben ir aquellos objetos en muy buen estado que ya no sean buenos para ti. No te sientas culpable por deshacerte de ellos; libéralos y dales una nueva oportunidad. Sobre todo, resiste la tentación de quedarte con algo porque «podrías necesitarlo» algún día; si eso no ha ocurrido ya, es probable que nunca ocurra. Si, por casualidad, te ocurriera, ¿serías capaz de encontrar el objeto en cuestión? ¿Estaría en condiciones de uso? ¿O saldrías corriendo a comprar uno nuevo? Si es fácil de obtener o de sustituir, es mejor que se lo des a alguien para que lo utilice en lugar de guardarlo a la espera de un día que podría no llegar nunca.

Divide este grupo en dos, Regalar y Vender. ¡Sé generoso! Algo que lleva tiempo en tu casa sin usar y sin despertar tu interés podría suponer una gran alegría para otra persona. Hazlo, alégrale el día y felicítate por ello. Saber que estás haciendo algo bueno te facilitará el hecho de separarte de tus cosas. Si no tienes a nadie en mente para un objeto, ofrécelo en nolotiro.org. No tienes más que enumerar aquello que quieras dar y los interesados se pondrán en contacto contigo para recogerlo. Otra opción consiste en dar los artículos apenas usados a alguien que los vaya a utilizar más, pero que te los pueda prestar si los necesitas (por ejemplo, darle la sierra mecánica a un vecino aficionado a la carpintería, o la máquina de coser a una prima que la utilizará mucho más).

No te preocupes; no tienes que dedicar semanas a repartir tus cosas o subirlas a una página web. Si no tienes tiempo ni ganas de buscarles un hogar, existen organizaciones benéficas que aceptan una amplia gama de artículos. Cruz Roja, las organizaciones religiosas, los centros para indigentes, los refugios para víctimas de violencia doméstica, las tiendas de segunda mano con fines sociales y los hogares de ancianos están preparados para distribuir las donaciones entre quienes más lo necesitan. Lo que a ti ya no te sirve puede ser muy útil en tu comunidad; averigua si puedes donar libros a la biblioteca de tu zona, artículos de papelería a algún colegio u objetos para mascotas a un refugio para animales. En algunos casos podrás obtener una deducción fiscal por tu generosidad, así que guarda una lista de los artículos donados y su valor, y pide una factura a la organización en cuestión.

Vender tus cosas también puede aligerar la ansiedad de la separación. En ocasiones resulta mucho más fácil desprenderse de algo cuando se puede recuperar parte (o todo) el dinero invertido. De hecho, ¡el dinero podría aportarte más felicidad que el propio objeto! Tienes la opción de vender lo que ya no utilizas en algún *outlet*, ya sea una tienda física o virtual. Si tienes muchas cosas, pero su valor no es muy elevado, prueba en alguna tienda de segunda mano. En el caso de objetos algo más exclusivos o coleccionables, recurre a internet; prueba en páginas de anuncios clasificados o en eBay. También puedes vender libros, CD, DVD, videojuegos y otros artículos a través de internet.

Ahora que ya tienes organizado tu sistema de selección, y que sabes dónde va cada cosa, puedes embarcarte en la tarea de deshacerte de algunos objetos. Concéntrate y ordena el cajón, el anaquel o la habitación que hayas elegido para volver a empezar. Diviértete; pon música movida, baila entre las cosas y despídete con un beso de lo que ya no quieras. Cuando hayas asignado cada objeto a una categoría, las de Trique y Traspaso tendrán un boleto solo de ida para salir de casa... y tú estarás mucho más cerca de vivir únicamente con tus tesoros.

13

Razón de ser de cada objeto

Mientras clasificas tus cosas, detente a cuestionar cada una de las que vayas a dejar en el grupo de tesoros. ¡Nada tiene entrada libre! Ponte el sombrero de conserje y somete a un interrogatorio de entrada a cada una de tus cosas. Asegúrate de que exista una buena razón para que forme parte de tu hogar: la utilizas con frecuencia, te facilita la vida, la consideras bonita, sería difícil de sustituir, es multifuncional, te ahorra tiempo, le tienes cariño porque forma parte de tu herencia o de tu familia, etcétera. Que sea un objeto solitario y perdido (el bolso que te siguió hasta casa después de una convención de negocios) o que busque asilo después de haber vivido en otra casa (la vajilla que te endilgó tu hermana) no son motivos para quedarse. Es preciso que contribuyan de manera positiva para ser candidatos a ocupar un lugar en tu casa.

Algunos objetos poseen muy buenas credenciales para quedarse, pero son idénticos (o casi) a otros que ya tienes. ¿Cómo llegaste a tener varias versiones de una misma cosa? Es posible que algunos fueran regalos; otros, seguramente, serían sustitutos (es decir, compraste algo nuevo, pero seguiste conservando lo viejo). Compraste una tele nueva y pusiste la vieja en el dormitorio; compraste una mesa nueva y guardaste la vieja en el sótano; compraste unos zapatos nuevos y guardaste el par gastado para cuando llueva. Guarda lo mejor y deshazte del resto.

Otros repetidos habituales se venden en cantidades excesivas: clips, ligas y pasadores para el pelo, por ejemplo. Y hay objetos (como bolígrafos, botones y seguritos) que parecen reproducirse solos. Los extras acaban al fondo de un cajón hasta el final de los tiempos sin que nadie se cuestione su presencia. Sin embargo, vamos a dar un cambio radical a todo esto: si no te imaginas utilizando mil clips en la vida, o cien seguritos, guarda únicamente una cantidad razonable. Si solo necesitas un puñado, ¿para qué guardarlos a montones?

Podríamos arreglárnoslas con una quinta parte de nuestras posesiones actuales y apenas notaríamos la diferencia.

Una vez resuelto el tema de los repetidos, analiza el resto de los candidatos. Mientras los escudriñas, pregúntate para qué se utiliza cada uno y con qué frecuencia (si no puedes responder a esas dos preguntas, no deberían ir a parar a la caja de los tesoros). ¿Lo has utilizado en el último año? ¿Crees que lo utilizarás en el futuro próximo? ¿Te hace la vida más fácil, más bonita o más agradable? ¿Cómo? ¿Es difícil de mantener o de limpiar? En caso afirmativo, ¿vale la pena el esfuerzo? ¿Sería difícil o caro sustituirlo? ¿Te lo llevarías si tuvieras que mudarte? ¿En qué cambiaría tu vida si no lo tuvieras? Por último, hazte esta pregunta: ¿Qué es más valioso para ti, el objeto o el espacio que ocupa?

Si te cuesta tomar decisiones, pide ayuda a un amigo imparcial. Explicar a alguien la razón por la que quieres guardar algo no siempre es fácil, pero a veces resulta revelador... y ¡un poco embarazoso! Lo que parece perfectamente legítimo en tu mente puede sonar ridículo cuando lo expresas en voz alta («Podría necesitar esta boa de plumas si consigo un segundo trabajo como cantante de cabaret»). Además, si está presente otra persona, tu orgullo se hará notar y será mucho menos probable que escondas cosas viejas y andrajosas. No busques la ayuda de alguien aficionado a acumular o dado a los sentimentalismos (¡a menos que creas que se llevará algunas de las cosas que tú ya no quieras!).

Durante el proceso de decidir qué se queda en la caja de los tesoros deberíamos tener en mente el principio de Pareto (también conocido como la regla del 80/20). En este contexto, significa que utilizamos el 20 por ciento de nuestras cosas el 80 por ciento del tiempo. Vuelve a leer la frase anterior con atención: utilizamos el 20 por ciento de nuestras cosas el 80 por ciento del tiempo. Eso significa que podríamos arreglárnoslas con una quinta parte de nuestras posesiones actuales y apenas notaríamos la diferencia. ¡Vaya, vaya! ¡Esto va a ser más fácil de lo que pensábamos! Si apenas utilizamos la mayoría de nuestras cosas, no deberíamos tener ningún problema en quedarnos con lo esencial. Solo tenemos que identificar nuestro 20 por ciento y estaremos en el buen camino para convertirnos en minimalistas.

14

En cada lugar, una cosa, y cada cosa en su lugar

En cada lugar, una cosa, y cada cosa en su lugar. Memoriza este mantra, repítelo con frecuencia, cántalo en voz alta, vuelve a repetirlo en sueños... es uno de los principios minimalistas más importantes. Cuando cada una de las cosas que posees ocupa un lugar específico (lo ideal es un cajón, un anaquel o algún tipo de recipiente), en tu casa no habrá objetos perdidos que se vayan acumulando. Con este sistema podrás detectar fácilmente qué está fuera de lugar... y acompañarlo inmediatamente hasta la salida.

En el momento de asignar un lugar a cada cosa, ten en cuenta dónde la utilizas y con qué frecuencia. Piensa en tu casa por zonas. En el sentido más amplio, tu casa se divide en habitaciones, y eso incluye la cocina, el cuarto de baño, el dormitorio y la sala. Cada una de esas zonas puede dividirse en otras más pequeñas: en la cocina tienes zonas de limpieza, de preparación y para comer; en el baño, zonas para arreglarte y para ducharte; en la sala, la zona de televisión, la de ocio y la computadora. El lugar ideal de un objeto depende de la zona en la que lo utilices y de lo accesible que tenga que ser.

El objeto en cuestión, ¿lo utilizas a diario, una vez por semana, una vez al mes, una vez al año o menos? La respuesta determina si pertenece a tu Círculo Íntimo, a tu Círculo Externo o al Almacenamiento Profundo.

Sitúate en una de tus zonas y estira los brazos. Esa zona es la de tu Círculo Íntimo, el espacio en el que deben estar los objetos que utilizas con frecuencia (como el cepillo de dientes, la computadora, los cubiertos y la ropa interior). Tienes que llegar a esos objetos fácilmente, sin necesidad de agacharte, estirarte, esforzarte de cualquier manera o quitar de en medio otras cosas para llegar a ellos. De ese modo, no solo resulta más fácil encontrarlos y utilizarlos, sino que también se devuelven a su lugar cómodamente. ¿Recuerdas el principio de Pareto? Pues bien, tu Círculo Íntimo debería contener el 20 por ciento de cosas que utilizas el 80 por ciento del tiempo.

El desorden es una criatura social; nunca está solo por mucho tiempo.

El Círculo Externo resulta un poco más difícil de alcanzar, y debería reservarse para aquello que se utilice menos. Incluye los estantes más altos y más bajos, los anaqueles que no están al alcance, los muebles altos y el espacio que hay bajo las camas. Utiliza esos lugares para guardar repuestos de productos de baño y limpieza, ropa que se utilice poco, papel de regalo y moños, utensilios de cocina que utilices poco y todas esas cosas que no forman parte de tu rutina diaria. Una buena norma general es que si lo utilizas menos de una vez por semana, pero más de una vez al año, pertenece al Círculo Externo.

El Almacenamiento Profundo se encuentra fuera del espacio habitable en muchos casos, e incluye áticos, sótanos y garajes. Ahí es donde se guardan piezas de repuesto, decoraciones de temporada, documentación de todo tipo y otras cosas que utilizas una vez al año o menos. No obstante, no conviertas el Almacenamiento Profundo en una bodega para todo aquello que no te cabe en casa; intenta practicar la austeridad. Si nunca utilizas o ves un objeto determinado, y no es un documento económico o legal que tengas que guardar indefinidamente, fuera. En ocasiones, el mejor lugar para algo es la casa de otro.

Recuerda que el principio de hay un lugar para cada cosa sirve también para los objetos decorativos. Si un objeto es realmente especial para ti, busca un lugar adecuado y destacado para exhibirlo. No merece que lo apartes o lo quites de en medio, ni tampoco que tenga que luchar por encontrar su sitio entre un montón de cosas. Y, sin duda, no debería quedarse en una caja en el sótano. El único fin de un objeto decorativo consiste en ser visto; así que si tienes fuera de la vista objetos de este tipo (a menos que sean decoraciones de temporada), ha llegado el momento de preguntarte por qué sigues guardándolos.

Cuando tengas un lugar para cada cosa, no te olvides de la segunda parte: devuelve siempre cada cosa a su lugar. ¿De qué sirve asignar espacios si después está todo tirado por casa? Te ayudará el hecho de etiquetar estantes, cajones y cajas en función de lo que contengan. Así todo el mundo sabrá exactamente dónde tiene que dejar las cosas después de utilizarlas (y tú no te encontrarás el sacacorchos en el cajón de los calcetines, o la engrapadora entre los utensilios para el horno).

Acostúmbrense (tú y tu familia) a recoger las cosas. Una casa ordenada tiene menos posibilidades de acumular triques. Cuelga la ropa (o ponla en el cesto de la ropa sucia) cuando te la quites, en vez de dejarla en el suelo o en una silla. Guarda las especias, los condimentos y los utensilios en el lugar que les corresponde, en vez de dejarlos en las cubiertas. Guarda los zapatos en su sitio, no los dejes repartidos por toda la casa. Regresa los libros a los libreros y las revistas, al revistero. Anima a los niños a recoger sus juguetes y guardarlos cuando hayan acabado de jugar.

De hecho, cada vez que salgas de una habitación, recoge y coloca donde le corresponda todo lo que no esté en su sitio. Este sencillo hábito te llevará unos minutos, pero marcará una enorme diferencia. El desorden es una criatura social; nunca está solo por mucho tiempo. Deja unas cuantas cosas sin ordenar en la sala, y una cosa llevará a la otra. Cuando te des cuenta, ¡habrá una fiesta en toda regla! Si, en cambio, las cosas se regresan a su sitio de manera sistemática, no acaban acumulándose.

Ya sé que algunos de ustedes estarán protestando ahora mismo porque no disponen de espacios adecuados para guardar las cosas. ¿Cómo van a colocar cada cosa en su lugar si no tienen espacio para eso? No desesperen, pues ¡son los más afortunados! Cuanto más espacio tenemos, más cosas acumulamos (y no siempre las necesitamos). A aquellos que cuentan con vestidores y clósets generosos les cuesta más encontrar la motivación necesaria para hacer limpieza; ustedes, en cambio, cuentan con el beneficio de tener un poco de mano firme. Tener menos espacio es una ventaja, no un inconveniente, y facilita el camino hacia el minimalismo.

15

Apartarlo todo de las superficies

Las superficies horizontales actúan como un imán para el desorden. Entra en casa con las manos ocupadas y te garantizo que lo que llevas aterrizará en la primera superficie disponible. Ese espacio generoso y plano es una invitación irresistible a dejar cosas; casi se siente la fuerza de la gravedad.

Repasa todas las superficies de tu casa. ¿Hay algo en la mesa del comedor además de platos, cubiertos y, tal vez, un centro de mesa? ¿La mesita auxiliar está despejada, o como máximo tiene alguna bebida o algo para picar? ¿Las mesitas rinconeras tienen algo más que lámparas, o tal vez algún control? Y ¿qué me dices de la cama? ¿Su contenido se limita a la ropa y la almohada que utilizarás esta noche? ¿Las cubiertas de la cocina están completamente despejadas, listas para preparar y servir la siguiente comida? ¿Qué proporción de tu escritorio todavía es visible?

A menos que seas ya un minimalista convencido y en toda regla (o que se te dé excepcionalmente bien tener tu casa en orden), lo más probable es que tengas algún problema con las superficies. Puede que sea una sola zona (como el escritorio o tu espacio de trabajo), o que afecte a todas las mesas y cubiertas de tu casa. Tal vez se trate de un fenómeno reciente provocado por un incremento de las manualidades de tus hijos, por ejemplo, o de una pila de trabajo que te trajiste de la oficina. Sin embargo, el problema podría llevar semanas, meses o incluso años acumulándose... hasta el punto de que ya no recuerdas cómo es la mesa del comedor.

«Y ¿cuál es el problema?», preguntas. Pues verás, si no tenemos superficies despejadas, no tenemos espacio para hacer nada. Las superficies despejadas cuentan con mucho potencial y muchas posibilidades: ¡en ellas se obra el milagro! Piensa en todo lo que no podemos hacer cuando las superficies están ocupadas: no tenemos espacio para preparar una comida deliciosa, no tenemos un lugar para sentarnos con nuestra familia y disfrutar de esa comida, y no tenemos espacio para jugar después algún juego de mesa. No tenemos espacio para organizar las facturas, hacer los deberes o disfrutar de nuestras aficiones. En algunos casos, ni siquiera tenemos espacio para tumbarnos al final del día.

¡No tengas miedo! Para ganar la batalla contra el desorden hay que adoptar una nueva actitud y seguir con entusiasmo el siguiente principio: las superficies no son un espacio de almacenamiento. Son espacios para realizar actividades, y deberían estar despejadas cuando no se utilicen. Pon en práctica este principio minimalista y te sorprenderás con los resultados: tu casa no solo parecerá más ordenada, organizada y sobria, sino que, además, resultará infinitamente más práctica y fácil de limpiar.

Para conseguirlo tenemos que cambiar nuestra visión de las superficies, y en especial el concepto que tenemos de sus propiedades físicas. Por naturaleza, las superficies son «pegajosas»: grandes, lisas y expertas en proporcionar un lugar donde dejar cosas. Cuando un objeto aterriza en una superficie, puede pasarse ahí días, semanas o incluso meses. Existen casos en los que se queda tanto tiempo que ya ni siquiera notamos que está ahí. Nos acostumbramos a su presencia y se convierte en parte del paisaje. Más tarde se le une otro objeto, y así sucesivamente. Cuando nos damos cuenta, nuestras superficies ya no son lisas, sino un terreno accidentado compuesto por objetos que se han quedado «pegados» a ellas.

La solución consiste en imaginar que nuestras superficies son resbaladizas. Si fueran resbaladizas como el hielo, o si estuvieran inclinadas unos grados, nada se quedaría en ellas por mucho tiempo. Podríamos hacer nuestras cosas, y lo que nos dejáramos después resbalaría inmediatamente. Mientras que no se invente una cubierta minimalista «mágica» (y me paguen los *royalties* por una idea tan maravillosa), tendremos que fingir que así es como funcionan nuestras superficies. Es decir, todo lo que coloquemos en nuestras superficies «resbaladizas» vendrá con nosotros cuando salgamos de la habitación. Si ponemos una taza en la mesita de centro, un libro en una mesita auxiliar o una manualidad en la mesa del comedor, lo recogeremos y nos lo llevaremos cuando salgamos de ahí. Y animaremos a los miembros de la familia a hacer lo mismo.

Las superficies no son un espacio de almacenamiento.

Las únicas excepciones son aquellos objetos que tienen su sitio en una superficie determinada (por ejemplo, el centro de mesa y los candelabros en la mesa del comedor, o las lámparas de lectura en las mesitas auxiliares). Esta exención especial también incluye el control en la mesita de centro, el tarro de galletas en la cubierta de la cocina y el despertador en el buró. No obstante, si decides dejar esos objetos funcionales o decorativos en las mesas, limítate a tres objetos permanentes por superficie. De ese modo evitarás que se acumule el desorden en esos espacios.

Por último, no olvides la superficie más grande de todas, ¡el suelo! Plantea un reto especial porque, simplemente, hay muchísimo espacio. Cuando las mesas, los anáqueles y los cajones están llenos (o cuando no tenemos ganas de guardar las cosas), tendemos a dejarlas en el suelo. ¡No cedas a la tentación! El suelo no tiene unos límites estrictos (lo que está en el suelo no se puede caer), de manera que cuando algo aterriza en él, tiende a reproducirse... y reproducirse... y reproducirse. He estado en casas donde los suelos están completamente cubiertos, con la excepción de un paso estrecho. En un entorno así, apenas te mueves mover (y ni hablar de hacer algo productivo). Reserva tus suelos para los pies y los muebles, no dejes nada más en ellos.

Después del esfuerzo realizado para despejar las superficies, tenemos un gran estímulo para mantenerlas así. ¿Quién quiere repetir ese trabajo tan pesado? La manera más eficaz de mantenerlas despejadas consiste en desarrollar el hábito de revisarlas. Antes de salir de una estancia o de apagar la luz, revisa las mesas, las cubiertas y el suelo. Si no están tan «lisos» como deberían, dedica unos minutos a retirar las cosas que se hayan quedado ahí. Con esta acción, rápida y sencilla, darás un gran paso para mantener tu casa ordenada. Toma nota de esta norma: si la habitación está vacía (no hay nadie), las superficies también deben estarlo.

16

Módulos

En esta sección aprenderemos una valiosa técnica organizativa que combate el desorden, mantiene las cosas bajo control y nos ayuda a conseguir nuestros objetivos minimalistas.

Es el momento de organizar nuestras cosas en «módulos». El concepto de los módulos procede del diseño de sistemas. Básicamente, se trata de dividir un sistema complejo en componentes más pequeños y específicos. Un programa informático, por ejemplo, consiste en millones de comandos. Para llevar un seguimiento, los programadores los organizan en módulos (conjuntos de instrucciones relacionadas que desempeñan tareas específicas). De ese modo, los comandos se pueden «almacenar» de manera más eficaz y se facilita su movimiento dentro del programa.

Nuestras casas también son sistemas bastante complejos, con muchas cosas que requieren almacenamiento y un seguimiento. Sin duda, se beneficiarían de una distribución más eficiente de las cosas, así que vamos a tomar este concepto del módulo y a sacarle partido. En nuestro contexto, un módulo es un conjunto de objetos relacionados que desempeñan una tarea determinada (por ejemplo, pagar las facturas o decorar un pastel). Para crearlos tendremos que agrupar los objetos con funciones similares, eliminar el exceso y asegurarnos de que podemos acceder a ellos y desplazarlos con facilidad cuando los necesitemos. En resumen, tenemos que agrupar, seleccionar y almacenar nuestras cosas.

El primer paso consiste en agrupar los objetos similares. Guarda todas las cosas parecidas (o relacionadas) juntas: DVD, extensiones, clips, botiquín, materiales para manualidades, herramientas, fotos, especias, etcétera; ya te haces una idea. Este paso te permitirá encontrar las cosas más fácilmente. Cuando necesites una venda, no tendrás que registrar los anaqueles del baño de arriba abajo, sino que bastará con que busques directamente en el módulo de primeros auxilios. Cuando quieras ver tu DVD favorito, no tendrás que rebuscar en los estantes, en los dormitorios o debajo del sofá, sino que estará esperándote en el módulo de los DVD. Cuando necesites un tornillo de un determinado tamaño para realizar una reparación casera, no tendrás que emprender una expedición de búsqueda en el sótano, simplemente irás al módulo de las herramientas y allí estará esperándote.

Todavía más importante es que, al agrupar tus cosas, puedes ver *cuántas tienes*. Al reunir sesenta y tres bolígrafos en un mismo lugar, sabes que no tienes que comprar ni uno más. Tampoco gastarás en otros aretes si ves agrupados los quince pares que ya tienes. Esta técnica resulta especialmente adecuada para frenar la acumulación de materiales para manualidades, que parecen aumentar sin control si se dejan por toda la casa. De hecho, el efecto de verlos todos juntos puede ser bastante aleccionador («¿De dónde demonios saqué todo este estambre?»). Además, dejarás de llevar a casa duplicados de cosas que ya tienes. ¿Cuántas veces has salido corriendo para comprar algo para descubrir después que ya lo tenías? El hecho de poder revisar rápidamente el módulo apropiado puede eliminar muchas compras innecesarias (y el gasto que conllevan).

Llegamos a la tarea que tú, como minimalista en ciernes, estabas esperando: cuando tengas agrupadas las cosas similares, será el momento de seleccionarlas. Sin duda, en el primer paso habrás encontrado un exceso de algunos objetos; redúcelos hasta que solo quede lo que usas realmente en este momento y lo que podrías utilizar (siempre desde una perspectiva realista) en el futuro. Pocos de nosotros llegaremos a necesitar todos los alambres para cerrar bolsas, palillos chinos y cajas de cerillos que se ocultan en los cajones de los triques; deshazte de algunos de ellos y recupera el espacio. Asimismo, ¿por qué guardar los sesenta y tres bolígrafos cuando diez son más que suficientes? En cualquier caso, ¿con cuántos bolígrafos puedes escribir a la vez? Piensa en lo que tarda en acabarse un bolígrafo: si cada uno dura seis meses, tienes suministros para treinta años... y muchos se habrán secado cuando vayas a utilizarlos. Repasa tu colección y quédate únicamente con tus favoritos. Aplica este mismo principio a calcetines, camisetas, tazas, recipientes de plástico, trapos de cocina y cualquier otra cosa que tengas en demasía.

Al agrupar tus cosas, puedes ver cuántas tienes.

Por último, cuando hayamos unido y seleccionado los objetos, tendremos que almacenarlos; este paso evita que vuelvan a dispersarse por toda la casa. El recipiente puede ser un cajón, un estante, una caja, un bote de plástico, una bolsa hermética, etcétera, lo más adecuado para el tamaño y la cantidad que vaya a contener. Personalmente, prefiero los recipientes transparentes, ya que nos permiten ver el contenido sin tener que abrirlos. Si los utilizas opacos, etiquétalos o clasifícalos por colores para facilitar su identificación.

La ventaja de utilizar recipientes físicos es su portabilidad. Supongamos que estás viendo una película con tu familia y quieres aprovechar el momento para seguir con tu tejido. No tienes más que ir al módulo correspondiente y podrás poner manos a la obra. Cuando termines, no sentirás la tentación de dejar las cosas en la mesita y las devolverás a su recipiente. Si no dispones de un espacio específico de oficina, guarda el talonario de cheques, la calculadora, los bolígrafos y demás utensilios relacionados en un módulo de oficina que llevarás al comedor, la cocina u otro espacio cuando lo necesites. Si enseñas a tus hijos a hacer lo mismo con sus juguetes, libros y juegos, tendrás muchas menos cosas que recoger al final del día.

Me gustaría hacer hincapié en la importancia de agrupar y seleccionar las cosas antes de guardarlas. Con demasiada frecuencia, cuando nos asalta la urgencia de simplificar, salimos corriendo a la tienda más cercana y nos llevamos a casa un montón de recipientes bonitos. Creemos que al organizar así nuestras cosas conseguiremos automáticamente un ambiente ordenado y sobrio. Sin embargo, si no empezamos separando los tesoros de los triques, será una pérdida de tiempo. Los recipientes pueden lograr que nuestras casas parezcan ordenadas, pero lo único que harán será ocultar los trebejos. En lugar de simplificar nuestras casas (y nuestras vidas), tan solo estaremos ordenando todo lo acumulado.

Intenta deshacerte de todo lo que no necesites antes de colocar las cosas en recipientes. Empieza por quedarte con lo esencial, y solo después busca el mejor modo de guardarlo. Ser minimalista implica ir un paso más allá de limpiar, ordenar y organizar la casa. Al crear módulos, establecemos un sistema que elimina y evita el exceso; equilibramos nuestras posesiones con nuestras necesidades y les ponemos un límite, que en este caso es una tapa.

17

Límites

El estilo de vida minimalista implica tener nuestras posesiones bajo control, y el mejor modo de conseguirlo consiste en establecer límites. Sí, ya te imagino pensando: «¡Eh, espera un momento! ¿Límites? No estoy de acuerdo. No quiero sentirme privado de nada». No te preocupes porque los límites son para tus cosas, ¡no para ti! Te ayudarán a dominarlas, a tener más poder, más control y más espacio. Los límites funcionan a tu favor, no en tu contra.

Pongamos los libros como ejemplo: todos sabemos con qué facilidad pueden llegar a acumularse. Compramos uno, lo leemos y, de algún modo, se gana un lugar permanente en nuestra colección. No importa si nos gustó, o si tenemos intención de volver a abrirlo en alguna otra ocasión. Nuestro razonamiento es que hemos pagado un buen dinero por él, y que le hemos dedicado tiempo y esfuerzo, de modo que tal vez podríamos sacar algo más de él. En ocasiones guardamos libros solo para demostrar que los hemos leído. (Hagamos un paréntesis para una confesión: ¿quién tiene *Guerra y paz* en su biblioteca?). En vez de guardarlos todos, limita tu colección a tus títulos favoritos y haz circular el resto: dónalos a la biblioteca local o pásaselos a tus amigos y familiares.

Los límites también ayudan a controlar los materiales para manualidades y aficiones, que parecen multiplicarse constantemente. Tanto si te gusta tejer, practicar el *scrapbooking*, construir maquetas, trabajar la madera o elaborar jabones, limita tus materiales a un solo recipiente de almacenamiento. Cuando empiece a rebosar, ocupa los materiales antiguos antes de adquirir otros nuevos (una gran motivación para acabar los proyectos empezados). No solo reducirás la acumulación, sino que, además, es un buen baño de realidad: ¿Disfrutas tanto haciendo la actividad como acumulando los materiales en cuestión? Si no es así, tal vez deberías replantearte tu afición, y si finalmente decidieras cambiarla, no deberías tener problema alguno para ocupar los materiales.

Los límites pueden aplicarse a casi todo, y así debería ser. Diviértete estableciendo límites para tus cosas: todos tus DVD deben caber en el estante que les hayas asignado, todos tus suéteres en el cajón correspondiente, y todos tus cosméticos en su neceser. Limita el número de zapatos, calcetines, velas, sillas, sábanas, cazuelas y tablitas y coleccionables. Limita las subscripciones a revistas y el número de objetos que dejas en la mesita de centro. Limita las decoraciones navideñas a una sola caja y tu equipo deportivo a un rincón del garaje. Limita el número de platos, tazas y utensilios a las personas que componen el núcleo familiar y los materiales de jardinería, a las necesidades de tu patio.

En el pasado, los límites los establecían factores externos, sobre todo el precio y la disponibilidad de bienes materiales. Los objetos solían fabricarse a mano y distribuirse localmente, lo que suponía que eran más escasos y más caros (en relación con los ingresos) que en nuestra época. Hace un siglo resultaba fácil ser minimalista, ya que era difícil cubrir las necesidades básicas (y no hablemos de los extras). Hoy podemos ir corriendo al supermercado más cercano y comprar lo que queramos; la producción en masa y la distribución global han hecho que los productos sean más baratos, estén al alcance de todos y sean fáciles de obtener. Sin duda, es una situación idónea, pero como muchos de nosotros hemos aprendido, al final los excesos cansan. Si no limitamos el consumo voluntariamente, ¡podemos acabar enterrados entre cosas!

Establecer límites no solo te ayuda a ti a seguir un estilo de vida más minimalista, sino también al resto de tu familia. Explícales que las cosas deben ir en el espacio asignado y que, cuando haya demasiadas, será preciso deshacerse de algunas. Limita los juguetes de tus hijos a una o dos cajas, y la ropa de tus adolescentes, al tamaño de su clóset. Se beneficiarán enormemente de tus consejos y desarrollarán unos hábitos que les ayudarán en el futuro. Como mínimo, limita las posesiones de cada miembro de la familia a lo que quepa en su habitación, ya sea el dormitorio o el cuarto de juegos de un niño, la oficina de tu pareja o la salita para manualidades y aficiones. De este modo evitarás que los objetos personales invadan el espacio familiar.

En un primer momento podrías pensar que los límites son agobiantes, pero no tardarás en descubrir que resultan absolutamente liberadores.

Por supuesto, el límite en cuanto a posesiones lo pone, sin duda, el tamaño de tu casa (como minimalista, es posible que algún día decidas reducirlo). Las cosas se expanden y acaban llenando el espacio disponible (estoy segura de que existe una ecuación física para eso). Limitar ese espacio implica menos cosas, menos desorden, menos preocupaciones y menos estrés. Si tu casa no es grande, no puedes tener muchas cosas. Imagina que te mudas de un estudio a una casa con ático, sótano y garaje para dos coches; sin duda, esos espacios de almacenamiento acabarán llenándose por el mero hecho de estar ahí. Si dejaras de utilizar la bicicleta fija en tu pequeño departamento, probablemente te desharías de ella; en cambio, en una casa grande, lo más seguro es que acabe en el sótano. Los espacios más pequeños imponen un límite natural a la cantidad de objetos que se pueden tener, y eso facilita el estilo de vida minimalista.

En un primer momento podrías pensar que los límites son agobiantes, pero no tardarás en descubrir que resultan absolutamente liberadores. En una cultura que nos condiciona a querer más, comprar más y hacer más, suponen un maravilloso alivio. De hecho, cuando descubras los placeres de los límites, sentirás el deseo de aplicarlos a otras partes de tu vida. Limitar los compromisos y las actividades puede llevar a una vida menos ajetreada y a disponer de más tiempo. Limitando los gastos reducirás tus facturas y estabilizarás tu cuenta bancaria. Si limitas los alimentos procesados, grasos y azucarados, reducirás tu cintura y mejorará tu salud. Las posibilidades son... ¡ilimitadas!

18

Intercambio: entra uno, sale uno

En ocasiones, ordenamos, ordenamos y ordenamos un poco más... pero al echar un vistazo a nuestras casas, no vemos ningún progreso. No lo entendemos: hemos llenado bolsas para tirarlas a la basura, más cajas para entregar a alguna organización benéfica y más cajas para dárselas a nuestro cuñado. Aun así, parece que los clósets, los cajones y los sótanos siguen llenos de cosas. Nos esforzamos y queremos ver resultados. ¿Cuál es el problema?

Imagina que tu casa y todo su contenido es un bote de agua. Ordenar sería como hacer un agujero en la base: el bote se vaciaría poco a poco, gota a gota, igual que tú te vas deshaciendo de las cosas que ya no necesitas. ¡Estupendo, eso sí suena a progreso! Si sigues por ese camino, el volumen de objetos debería descender sin prisa, pero sin pausa.

Ahí está la trampa: el volumen solo desciende si dejas de añadir más cosas al bote. Cada objeto que entra en tu casa equivale a llenar un poco más el bote. Por tanto, si sigues comprando y llevando a casa regalos de cortesía de convenciones, las gotas que se escapan por la base no servirán de mucho. El bote nunca se vaciará y, de hecho, ¡podría acabar por derramarse!

Puedes resolver ese problema siguiendo una sencilla norma: si entra uno, sale uno. Cada vez que entre en tu casa un objeto nuevo, debe salir uno similar. Por cada gota que añadas al bote, otra gota tiene que abandonarla.

La regla del entra uno y sale uno resulta más eficaz cuando se aplica a objetos similares. Si entra en tu clóset una nueva blusa, debe salir una vieja. Si se suma un libro nuevo a tu colección, uno viejo abandona el librero. Si una nueva vajilla se muda a tu casa, la vieja hace lo propio a la inversa. Puedes mezclar un poco si necesitas reequilibrar tus posesiones. Por ejemplo, si tienes demasiados pantalones y pocas blusas, deshazte de un pantalón cuando compres una blusa nueva. No obstante, sé equitativo: no vale deshacerte de algunos calcetines para hacerte con un abrigo (o cambiar un clip por una silla de oficina).

Cada vez que entre en tu casa un objeto nuevo, debe salir uno similar.

Con demasiada frecuencia, cuando compramos algo nuevo, no nos deshacemos del artículo al que se supone que sustituye. Normalmente, así es como funciona: vemos algo en casa que ya no queremos (ya pasó de moda, se cae a pedazos o simplemente no satisface nuestras necesidades). Nos disponemos a salir de compras, ávidos por deshacernos de la versión antigua en favor de una mejor, más nueva, más brillante y más moderna. Investigamos, comparamos precios, leemos opiniones y, finalmente, realizamos la compra. Y entonces ocurre algo extraño: cuando llegamos a casa con el nuevo modelo, el viejo ya no nos parece tan penoso. Aunque hubiéramos considerado que no era lo suficientemente bueno como para utilizarlo, parece demasiado bueno como para tirarlo. Empezamos a imaginar todas las situaciones (por improbables que sean) en las que podríamos necesitarlo, como si esperáramos que su sustituto, nuevo y de última generación, dejara de funcionar al día siguiente. Sin apenas darnos cuenta, el artículo viejo se encuentra cómodamente instalado en el sótano o en el ático, por si acaso.

La estrategia del entra uno y sale uno te enseñará a mostrar la salida a lo que ya no necesitas en lugar de ubicarlo en su lugar de retiro. En cuanto el nuevo modelo entre en casa, despídete del viejo. No es un sistema que funcione por arte de magia, requiere disciplina. Puedo decirte por experiencia propia que resulta tentador engañarse y prometerse que ya tirarás algo en otro momento. Tienes tantas ganas de lucir el suéter nuevo o de probar el nuevo videojuego que no quieres ponerte a pensar qué vas a tirar a cambio. No obstante, invoca tus poderes minimalistas y comprométete a que «salga uno» antes de abrir, colgar o utilizar el que ha «entrado». Si no lo haces inmediatamente, podrías no hacerlo nunca. Personalmente, he llegado al punto de dejar las nuevas compras en el coche, en sus cajas, hasta ver la ocasión de deshacerme de algo viejo.

Cuando empieces a poner orden, la regla del entra uno y sale uno será una estupenda medida provisional. Limitará el número de tus posesiones y te mantendrá en el buen camino. No hay nada más desalentador que esforzarte en deshacerte de diez objetos (con los quebraderos de cabeza que supone decidir y reunir las fuerzas para desprenderte de ellos) y descubrir al final que has acumulado doce nuevos en ese tiempo. Con este principio se evita esa situación. A partir del momento en que te comprometas a seguirlo, tu casa entrará en un estado estacionario en lo que respecta a lo material: si te mantienes fiel al programa, nunca tendrás más de lo que tienes en ese momento.

Aún mejor, a medida que vayas purgando tus posesiones, verás una notable reducción de los objetos que tienes. Dado que has «cerrado la llave», sí se nota el efecto de las gotas que salen por la base y es toda una satisfacción. Por supuesto, cuanto más tires, más satisfactorio será el resultado. Así, en el siguiente capítulo convertiremos el chorrito del orden en un flujo constante.

19

Nada de ser permisivo: restringe

En el capítulo anterior hemos aprendido a tener un número regular de posesiones compensando cada objeto que entra en casa con la salida de un objeto similar. ¡Fantástico! Ya no tenemos que preocuparnos por dar un paso adelante y dos atrás. Con este sistema ya instaurado, cada objeto adicional que salga de casa nos acercará más a nuestros objetivos minimalistas.

Sin embargo, para progresar de verdad tenemos que elevar al máximo nuestros esfuerzos organizadores. Aplicar el método STREAMLINE no consiste en deshacerse de unas cuantas cosas y después continuar como siempre. ¡Todo lo contrario! Está pensado para ayudarnos a lograr el santo grial del minimalismo: poseer solo lo suficiente para satisfacer nuestras necesidades, nada más. Por tanto, en lo que respecta a los objetos que guardamos en nuestros clósets, cajones, módulos y zonas, tenemos una misión: restringirlos.

Lo ideal sería reducir nuestras posesiones a lo más básico. Antes de que te preocupes por la idea de tener que vivir en una tienda o dormir en el suelo, permíteme que me explique. Lo más básico significa cosas distintas para cada persona. El minimalista que vive en su velero puede satisfacer sus necesidades culinarias con un único plato caliente. Los que tenemos cocinas completamente equipadas, por otro lado, podemos pensar que el microondas, los platos para pizza y las ollas arroceras son indispensables.

A su vez, el equipo de buceo que quien vive en un velero considera una necesidad sería superfluo en muchas casas.

Las necesidades básicas personales dependen de una amplia gama de factores: la edad, el sexo, la ocupación, las aficiones, el clima, la cultura, las familias y los amigos, entre otros. Para los minimalistas que trabajan en puestos profesionales, los trajes y los zapatos de vestir serán *de rigueur*, mientras que quienes trabajan en casa se las arreglan con un guardarropa más sencillo. Las parejas con hijos pequeños tienen una lista de necesidades distinta a la de un soltero que vive solo. Los ratones de biblioteca tienen necesidades distintas a los entusiastas del deporte; los estudiantes tienen necesidades distintas a los jubilados; los hombres tienen necesidades distintas a las mujeres.

Por lo tanto, no existe una lista maestra de lo que debe haber en un hogar minimalista. De hecho, y contrariamente a lo que se cree, ni siquiera existe un número mágico. No importa si tienes cincuenta, quinientas o cinco mil cosas; lo importante es si es suficiente (y no demasiado) para ti. Debes configurar tu propia lista de imprescindibles y después restringir tus cosas para que se adapten a ella.

Este paso, por tanto, consiste en reducir nuestras posesiones a nuestros niveles personales «óptimos». Cada vez que escojamos un objeto, debemos detenernos a pensar si realmente lo necesitamos... o si podemos vivir sin él. Si nos damos cuenta de que tenemos cosas repetidas, deberíamos deshacernos del exceso inmediatamente. Cuando desempolvamos una caja llena de cosas sin usar, deberíamos considerar seriamente la posibilidad de tirar el lote completo. La buena noticia es que a medida que avanzamos en nuestro viaje minimalista, el número de «necesidades» se reducirá de manera lenta, pero segura.

Además de poner orden en nuestras cosas, también podemos restringirlas con medios más creativos, como, por ejemplo, eligiendo los objetos multifuncionales contra a los de un solo uso. Un sofá cama elimina la necesidad de tener una cama solo para los invitados. Una impresora con escáner implica una pieza menos de equipo de oficina. Un *smartphone* sirve, además, de calendario, reloj, calculadora y agenda, entre otras cosas. Nuestro objetivo consiste en realizar el mayor número posible de tareas con la mínima cantidad de cosas.

Por esa misma razón, deberíamos inclinarnos por objetos versátiles frente a los especializados. Una sartén grande puede hacer el mismo servicio que un cajón lleno de utensilios de cocina con funciones específicas. Unos zapatos negros clásicos combinan con la ropa del trabajo y la de vestir, de modo que desempeñarán una doble función contra a esos zapatos de tacón fucsias que no combinan con casi nada. Un limpiador multiusos nos servirá para mantener la casa reluciente sin necesidad de tener productos distintos para el fregadero, el baño, los espejos y las cubiertas.

Debes configurar tu propia lista de imprescindibles y después restringir tus cosas para que se adapten a ella.

No obstante, en el proceso de restringir nuestras posesiones, algunas cosas nos frenarán (y, en muchos casos, será por cuestiones sentimentales). Resulta difícil separarse de cosas ligadas a recuerdos. No te preocupes porque los minimalistas también tenemos soluciones en esos casos. «Miniaturizarlas», por ejemplo, es una estrategia demostrada. No, no me refiero a dispararles con una pistola de rayos de reducción (¡aunque sería divertido!), sino que se trata de quedarnos con una parte del objeto. La lógica es que si un objeto está ahí para despertar recuerdos, con una pieza más pequeña también lo lograremos.

Considera la posibilidad de miniaturizar cosas como vestidos de boda y de bautismo, colchas de bebé, recuerdos de graduaciones, uniformes deportivos, etcétera. Por ejemplo, en lugar de guardar todo el vestido de novia, corta un pedacito de tela y exhíbelo con una foto, una invitación o una flor seca del ramo. En lugar de tener guardado el birrete de la universidad, quédate solo con la borla. Haz lo mismo con las colecciones que hayas heredado: en lugar de almacenar en el ático los doce componentes de la vajilla de porcelana de tu abuela, guarda un solo plato y exhíbelo en un lugar destacado. O haz fotos de los objetos y después deshazte de ellos; las fotos conservarán los recuerdos sin ocupar espacio. Además, son más accesibles (y resulta más fácil disfrutarlas) que los objetos guardados.

Por último, podemos restringir nuestras posesiones digitalizándolas. Colecciones enteras de música, películas, fotos, videojuegos y libros ya se pueden reducir a bits electrónicos y bytes. Estamos es una época maravillosa para ser minimalistas.

Si te embarcas en el minimalismo con entusiasmo, acabarás buscando constantemente nuevos modos de restringir tus cosas. Sé creativo. Considera un reto personal hacer más con menos y diviértete explorando todas las posibilidades. ¡Quizá te sorprendas al ver con qué poco te las arreglas!

20

El mantenimiento diario

Cuando hayamos llevado a cabo todos los pasos del método STREAMLINE (volver a empezar; separar las cosas en Trique, Tesoro o Traspaso; asegurarnos de que tenemos una buena razón para conservar los objetos que decidamos quedarnos; encontrar un lugar para cada cosa y poner cada cosa en su lugar; mantener todas las superficies despejadas; distribuir los objetos en módulos; imponer límites a nuestras posesiones; seguir la regla de «entra uno, sale uno», y restringir nuestras cosas), no podemos dar por finalizado el proceso y regresar a nuestros antiguos hábitos. ¡No, ni hablar! Debemos seguir potenciando esa conducta mediante un poco de mantenimiento diario.

Convertirse en minimalista no es como seguir una dieta de choque. No podemos deshacernos de todas nuestras posesiones en una sesión desenfrenada y después marcar la casilla de las tareas realizadas. Si lo hiciéramos así, sufriríamos el efecto rebote: las cosas volverían a acumularse rápidamente, al igual que los kilos perdidos. Tenemos que cambiar nuestra actitud de fondo (de ahí los ejercicios mentales que he propuesto) y desarrollar nuevos hábitos (por eso hemos aprendido el método STREAMLINE). Tenemos que acercarnos al estilo de vida minimalista como deberíamos hacerlo a una nueva dieta más saludable: no como una actividad puntual, sino como un cambio completo de vida.

Lo más importante es que debemos continuar alertas respecto

a lo que entra en nuestras casas. ¿Recuerdas lo que hablamos sobre ser un buen conserje? Para mantener nuestro estilo de vida minimalista no podemos bajar la guardia, ya que la situación podría descontrolarse rápidamente al menor descuido. Por suerte, la tarea resulta más fácil de lo que parece, ya que en poco tiempo se convierte en algo automático. Simplemente tenemos que establecer unas rutinas para gestionar lo que entra en casa (correo, catálogos, regalos y obsequios de cortesía) y respetarlas. Colocar cajas para el reciclaje y las donaciones cerca de la puerta de casa, por ejemplo, hace maravillas: te evitarás montones de basura en potencia sin apenas esfuerzo.

Sin embargo, en ocasiones puede parecer que siempre estás a la defensiva, intentando detener por tu cuenta y riesgo el tsunami de cosas que amenaza tu casa. No obstante, también puedes pasar al ataque: borrándote de listas de correo, cancelando suscripciones a revistas, no participando en intercambios de regalos y, en general, haciendo saber que estás en el camino de un estilo de vida minimalista. Este último punto es más importante de lo que imaginas porque cuando tus amigos y parientes bienintencionados vean tus habitaciones «vacías», podrían malinterpretar la ausencia de cosas como una necesidad de cosas. En el mejor de los casos podrías acabar recibiendo un montón de regalos que no quieres; en el peor, recibirías cosas que ellos ya no quieren o no necesitan.

Además de controlar la entrada, no pierdas de vista las zonas conflictivas. Como sabes, el desorden engendra desorden. Cuando un objeto lleva un tiempo en tu casa, se pone cómodo e invita a algunos amigos. ¡No permitas que empiece la fiesta! Resulta mucho más fácil echar a una visita que no es bien recibida que a todo un grupo. De hecho, si no tomas medidas a la primera señal de acumulación, tu radar se embotará. Piénsalo: existe una enorme diferencia entre una superficie perfectamente despejada y una con un objeto que no debería estar ahí. El objeto descarriado no combina con nada. Sin embargo, el contraste entre una superficie con un objeto fuera de lugar y una con dos no resulta tan discordante (y aún lo es menos entre una con dos y una con tres, y así sucesivamente). Lo mejor es deshacerse de esas cosas en cuanto las veas y no arriesgarte a un nuevo episodio de acumulación.

Durante el proceso tendrás que enfrentarte con frecuencia a las CDLD (cosas de los demás). Dado que, en general, no tienes la libertad de deshacerte de ellas, la mejor opción es devolverlas cuanto antes a sus propietarios. Si pertenecen a alguien que no vive contigo (por ejemplo, aquello que guardó tu hermana en tu sótano mientras se mudaba, y que todavía no se lleva, o el proyecto de manualidades que tu amigo dejó en tu mesa del comedor), una llamada o un correo electrónico explicando tus esfuerzos para poner orden debería motivarles a llevarse sus pertenencias.

Lo mejor del estilo de vida minimalista es que las satisfacciones son inmediatas.

No obstante, lo más habitual es que las cosas fuera de lugar pertenezcan a algún miembro de tu familia, de los que viven bajo tu mismo techo. En ese caso, déjalas en el espacio personal de su propietario (en su habitación o en la puerta del despacho, por ejemplo). La idea no es convertirse en el asistente de los demás, sino en conseguir un efecto búmeran para reforzar el concepto de que todo lo que llegue al espacio familiar será devuelto a su lugar inmediatamente. Con un poco de suerte, al final captarán el mensaje y se lo pensarán dos veces antes de dejar las cosas por ahí. Hacer saber al propietario qué ha dejado donde no corresponde y darle la oportunidad de quitarlo o tirarlo también funciona bastante bien.

Por último, ¡no dejes de poner orden! La pasada inicial por toda la casa no tiene que ser única y definitiva; de hecho, no es más que el principio. Descubrirás que tus poderes minimalistas se refuerzan con el tiempo, y esos imprescindibles que sobrevivieron a la primera puesta en orden no te parecerán tan esenciales en la segunda vuelta. Por eso te recomiendo que hagas limpieza por ciclos; después de la primera tanda, echa otro vistazo al cabo de unas semanas o meses. Verás tus posesiones con nuevos ojos y con una perspectiva más experimentada. Mientras tanto, habrás empezado a disfrutar de la satisfacción y la libertad que da un estilo de vida minimalista, sensaciones que te motivarán (y te entusiasmarán) para seguir deshaciéndote de objetos. Te sorprenderá lo fácil que te resulta separarte de cosas en la segunda, la tercera, la cuarta (¡o la décima, o la vigésima!) ronda.

Por supuesto, la práctica hace al maestro. Así que, en lugar de deshacerte de grandes volúmenes de cosas, es posible que prefieras un enfoque lento y consistente, como el de decir adiós a un objeto al día. Solo tienes que comprometerte a deshacerte de un objeto cada día. Puede ser cualquier cosa: unos calcetines muy gastados, un libro que nunca leerás, un regalo sin el que puedes vivir, una blusa que no te queda bien o una revista pasada. Requiere poco tiempo y esfuerzo, y al final del año, tu casa tendrá 365 objetos menos. Para evitar que las cosas útiles acaben en el basurero, ten siempre preparada una caja en el sótano o en un clóset; será la caja de las donaciones. Añade lo que no quieras de uno en uno, y cuando esté llena, dónala a alguna organización benéfica.

Otra opción alternativa es imponerte unos objetivos temporales: por ejemplo, diez objetos por semana, o cien en un mes. Lleva una lista de lo que vas tirando para seguir tus progresos y mantener la motivación. Y lo más importante: ¡diviértete! Lo mejor del estilo de vida minimalista es que las satisfacciones son inmediatas: cada objeto que desechas aligera tu carga al instante. Hazlo a diario y te sentirás muy bien. ¡Lo único que lamentarás será no haber empezado antes!

Tercera parte

ESTANCIAS Y ESPACIOS

Llegamos a la parte interesante; es el momento de poner en práctica nuestra capacidad de orden. En los siguientes capítulos aplicaremos el método STREAMLINE a estancias concretas y aprenderemos a despejar, contener y mantener el contenido de cada una. Empieza por la estancia que prefieras: la más fácil, la más difícil, la más pequeña, la más grande... la que más te apetezca. Abordarás cada una por separado e irás viendo cómo el espacio y la serenidad inundan tu casa. Así pues, arremángate y ¡que empiece la transformación minimalista!

21

La sala

En este capítulo nos enfocaremos en la sala (o lo que tal vez llames sala de estar). En este caso hablamos de la zona en la que los miembros de la familia se reúnen y donde recibimos a los invitados cuando nos visitan. En la mayoría de los hogares es el espacio más grande y el que alberga más actividad; por tanto, nuestros esfuerzos para despejarlo sentarán unas buenas bases para el resto de la casa.

Pero antes de empezar, me gustaría que salieras de tu casa (sí, leíste bien). Levántate, sal por la puerta y ciérrala. Cuando estés fuera, despeja tu mente y disfruta del aire fresco durante unos minutos. Cuando regreses, ¡habré organizado toda tu casa con mis superpoderes minimalistas! Es broma, por supuesto, pero este ejercicio tiene su razón de ser.

Muy bien, ya puedes entrar, pero cuando lo hagas, piensa que no vives ahí. Entra como si fueras un invitado, con ojos nuevos y una perspectiva objetiva. ¿Cuál es tu primera impresión? ¿Te gusta lo que ves? ¿Tu sala es sobria y acogedora, te invita a quedarte? ¿O parece caótica y desordenada, y te dan ganas de salir corriendo? Más concretamente, si todo eso no fuera tuyo, ¿te gustaría sentarte y quedarte ahí entre todos esos objetos?

Vamos a ver nuestras salas con nuevos ojos porque la acumulación «desaparece» cuando nos acostumbramos a ella. Si la mesita de centro está cubierta de revistas, triques, materiales de manualidades y juguetes infantiles durante semanas, meses o incluso años, acabamos acostumbrándonos. Nos acostumbramos al cesto de la ropa sucia en el rincón, a los libros apilados junto al sofá y a los DVD amontonados alrededor de la tele. En cierto modo, el desorden pasa a ser invisible para nosotros.

Después de valorar el conjunto, observa con atención el contenido de la estancia. Analiza cada mueble, cada cojín y cada trique. ¿Cada uno de esos objetos es útil o bonito? ¿Lucen armoniosos y adecuados para el lugar que ocupan? ¿O la escena parece un mercadillo (o, peor todavía, un ático)? Si vaciaras el contenido de la sala y lo dejaras delante de tu casa, ¿lo volverías a meter todo o no tendrías inconveniente en dejar fuera bastantes cosas?

Despejar

El sentido común aconseja ir de menos a más, es decir que empecemos por lo pequeño y avancemos hacia tareas de mayor envergadura. No es una mala idea, pero en este caso vamos a hacer algo diferente, algo GRANDE. Tu sala alberga objetos importantes y ofrece una gran oportunidad para empezar así, a lo grande. Eliminar una sola pieza de mobiliario innecesario (o que no te gusta) puede ejercer un enorme impacto y ser un maravilloso incentivo para esforzarte con las cosas más pequeñas. Es como si esa silla desvencijada o esa mesita auxiliar huérfana fueran un tapón gigante en tu fregadero atascado de cosas: cuando lo quitas, abre el paso a un chorro de objetos.

Por tanto, concéntrate primero en las cosas grandes. ¿Utilizas todos los muebles de manera regular, o algunos están solo porque «siempre han estado»? Piensa en el uso que le da la familia a la estancia. ¿Se reúnen en el sofá o en el suelo? ¿Alguien se sienta alguna vez en la silla del rincón? ¿Tendrían más espacio para sus actividades (de relajamiento, juegos, ver una película) si hubiera menos muebles?

Bajo ningún concepto te sientas obligado a conservar determinados objetos solo porque se espera que sea así («Madre mía, ¿qué pensarían los vecinos si no tenemos un sillón reclinable?»).

Cuando mi marido y yo vivíamos en otro país, decidimos que no necesitábamos un sofá. Aunque nunca habíamos visto una casa sin sofá, simplemente no encajaba en nuestro estilo de vida (tampoco teníamos televisión, ni visitas frecuentes, y nos pasábamos las noches y los fines de semana fuera). Por tanto, amueblamos nuestra sala con dos butacas y una mesita de centro. Esas tres piezas nos bastaban para satisfacer nuestras necesidades; cualquier añadido habría sido excesivo.

Si identificas un objeto de gran tamaño del que te gustaría deshacerte (pero todavía dudas), sácalo de la estancia durante unos días. Déjalo en el sótano, en el ático o donde puedas, y observa si alguien lo echa de menos. En ocasiones basta con quitar una pieza de en medio para tener una mejor perspectiva de ella, y cuando abandona el lugar de siempre, resulta más fácil romper los lazos con ella.

Si identificas un objeto de gran tamaño del que te gustaría deshacerte (pero todavía dudas), sácalo de la estancia durante unos días.

Una vez resuelto el tema de las piezas grandes, toca pasar a las pequeñas. Dependiendo de tu sala, puede que sean unas cuantas. No te asustes; en este punto descompondremos la misión en tareas más pequeñas y manejables. El mejor modo de abordarlas es ir estante por estante, cajón por cajón, montón por montón. Simplemente, saca el contenido (o vuélcalo) y clasifícalo en Trique, Tesoro o Traspaso. Lo más importante es que no te precipites. Tómate tu tiempo para llevar a cabo un trabajo exhaustivo, aunque tardes semanas o meses en ordenar hasta el último cajón de casa. Esa exhaustividad te aportará muchas más satisfacciones a largo plazo.

Trata de despejar la estancia de todas las piezas decorativas sin ninguna función práctica: quítalas de estantes, de la repisa de la chimenea, de las consolas y de las mesitas auxiliares. Guárdalas en una caja y vive sin ellas durante una semana. En ocasiones, los objetos superfluos dificultan el disfrute de los espacios sin que ni siquiera nos demos cuenta. Cuando no están, sentimos alivio, como si finalmente tuviéramos espacio para estirarnos y movernos con libertad sin golpearnos con nada y sin romper nada. Observa la reacción de tu familia y de los invitados ante el espacio despejado. ¿Se muestran más relajados? ¿Se mueven con más libertad? ¿Parecen más dispuestos a participar en actividades conjuntas?

Vamos a considerar otras formas de restringir las posesiones. De ser posible, no queremos nada más que lo que satisfaga nuestras necesidades. Lo mínimo imprescindible en una sala es algún tipo de asiento para los miembros de la familia. Los minimalistas extremos (y los que pertenecen a culturas no occidentales) se las arreglan perfectamente con unos cuantos cojines en el suelo. Un soltero podría arreglárselas con una butaca. Una familia, por otro lado, puede considerar que un sofá es una necesidad. Haz cuentas: si en casa solo son tres personas, ¿realmente necesitas un sofá en el que quepan ocho? Siempre puedes echar mano de unas sillas plegables si tienes invitados (o crear un ambiente divertido y bohemio sentándolos en el suelo). Ten en cuenta también el impacto de los muebles; he visto módulos enormes rebosantes de cosas que casi llenaban la habitación entera. ¿Realmente vale la pena la «comodidad» que da un mastodonte de ese calibre contra todo el espacio que devora? ¿Podrías satisfacer la necesidad de sentarte con algo de un tamaño más reducido?

Pasemos a las mesas. De nuevo, la mayoría de las salas necesita al menos una mesa para dar cabida a las actividades familiares. Puede bastar con una mesita de centro. Si la sala también sirve de oficina o de espacio para manualidades, posiblemente se necesite una mesa de trabajo adicional. Cualquier cosa extra será puramente decorativa. Piensa bien si de verdad necesitas las mesitas auxiliares y los aparadores que viven actualmente en tu sala.

Otra manera de minimizar consiste en invertir en muebles multiusos. Como ya he mencionado, un sofá cama servirá como sofá familiar y como cama de invitados. Una mesita auxiliar con cajones puede eliminar la necesidad de tener otras piezas de almacenamiento y liberar un espacio considerable en el suelo. Lo mismo sirve para pufs y taburetes: si vas a tener una de estas piezas, búscala con tapa para que te permita guardar cosas en su interior. Estos muebles proporcionan la máxima funcionalidad con el mínimo espacio, lo que significa más libertad para movernos.

Es posible que tu sala también contenga un espacio definido para la televisión y demás aparatos electrónicos. Hazte la siguiente pregunta: ¿de verdad necesitas la televisión? Aunque te sorprenda, muchas personas (mi familia incluida) llevan vidas perfectamente satisfactorias, divertidas e informadas sin tener televisión. Además, hoy ya es posible ver prácticamente cualquier cosa en la computadora. El plus es que si no tienes televisión, no necesitas un mueble para la misma (una alternativa consiste en montarla en la pared, así también ahorrarás el espacio).

Cuantas menos cosas tengas, menos estantes necesitarás. ¡Así que ponte a depurar esa colección de objetos!

Casi todas las salas tienen estanterías de algún tipo, por lo general repletas de cosas. Lo único que puedo decir es que cuantas menos cosas tengas, menos estantes necesitarás. ¡Así que ponte a depurar esa colección de objetos! Cultiva aficiones que requieran pocos materiales: cantar, hacer papiroflexia o aprender un nuevo idioma, por ejemplo. Jueguen juegos que requieran una pequeña baraja de cartas en lugar de tableros enormes y cientos de piezas de plástico. Utiliza estrategias creativas para satisfacer tus necesidades de ocio; por ejemplo, que tus amigos te presten materiales o sacar libros de la biblioteca en lugar de comprarlos.

En el caso de los títulos que sí deseas conservar, considera la posibilidad de pasarte a lo digital. Descarga películas, convierte tu música e invierte en un lector electrónico (un solo aparato es capaz de albergar cientos de *ebooks* y de darte acceso a muchos otros), eliminando así la necesidad de tener tantas estanterías. Compra únicamente aquellos títulos que sabes que apreciarás de verdad. Guarda tus fotos en formato digital e imprime solo las que quieras regalar o exhibir en casa.

Contener

Dado que la sala es un espacio con mucha actividad, resulta especialmente importante que todo tenga un lugar. De lo contrario, ¡las cosas pueden volverse realmente caóticas!

Define las zonas en las que ves la tele, guardas películas, lees revistas, juegas a juegos de mesa y utilizas la computadora. Asegúrate de que los objetos implicados en esas actividades se encuentran en la zona que les corresponde, y haz todo lo que esté en tu mano para evitar que acaben en otra zona. Las revistas no deberían estar apiladas sobre la tele, y los juguetes no deberían instalarse en el sofá. Implica a todos los miembros de la familia a la hora de definir las zonas; de ese modo, todos entenderán el sistema y compartirán la responsabilidad de mantenerlo.

Si la sala también funciona como oficina o espacio para manualidades, restringe la actividad (y sus accesorios) a una zona bien definida. Si te sirve de ayuda, utiliza un biombo o una planta grande para crear un límite visual (y psicológico). El motivo es doble: primero, la idea es que el material de oficina no invada la sala. Segundo, queremos mantener ordenada y sin distracciones la zona de oficina: serás mucho más productivo si no tienes que quitar juguetes del escritorio antes de utilizarlo.

Después de dividir el espacio en zonas, asigna tus cosas al Círculo Íntimo, al Círculo Externo y al Almacenamiento Profundo. Como recordarás, el Círculo Íntimo estaba formado por los objetos que utilizas de forma habitual (a diario, o casi a diario). Conviene tenerlos a mano, en estantes a media altura y en cajones próximos a las zonas de actividad. Entre los candidatos para formar parte del Círculo Íntimo en la sala figuran el control, las revistas actuales, los aparatos electrónicos utilizados de forma habitual, y los libros, películas y juegos favoritos de la familia. El Círculo Externo debe englobar los objetos que se utilizan menos de una vez por semana, como los materiales para aficiones y manualidades, los libros de consulta y todo aquello que sirva para recibir a los invitados. Guarda los integrantes de este grupo en los estantes más altos y más bajos, así como en los cajones y anaqueles menos accesibles. Las decoraciones de temporada y las piezas que valoras pero que no puedes exhibir (por ejemplo, porque hay niños muy pequeños en casa) están abocadas al Almacenamiento Profundo, de ser posible en el sótano, el ático u otro espacio apartado.

A continuación, crea módulos para tus colecciones: videojuegos, libros, revistas y aparatos eléctricos, por ejemplo. En lugar de guardar todo en un revoltijo caótico, sepáralos y designa un estante, cajón o recipiente específico para cada categoría. Organizar los objetos similares de ese modo nos ayuda a detectar fácilmente repetidos, a eliminar lo que no queremos y a ser conscientes del tamaño de nuestras colecciones. También facilita la tarea de volver a colocar las cosas en su sitio, tanto para nosotros como para el resto de los miembros de la familia; así se evita que se amontonen por toda la sala o en otros espacios de la casa.

Los módulos son especialmente útiles para organizar los materiales para manualidades y aficiones. En lugar de ponerlos juntos en un cajón o clóset, sepáralos por actividades: tejido, *scrapbooking,* pintura, maquetas, bisutería, etcétera. Asigna a cada actividad su propio recipiente: las cajas de plástico transparente sirven, igual que las cajas de cartón resistente (cúbrelas con tela o con papel adhesivo para que queden bonitas). Los cestos rectangulares y profundos también servirán. Cuando te dispongas a practicar tu afición, saca el módulo que corresponda y vacíalo. Al terminar, recoger será pan comido: ponlo todo en su recipiente y devuélvelo al lugar que le corresponde.

Como minimalistas que somos, queremos limitar nuestras colecciones a los objetos favoritos; de lo contrario, irán aumentando sin control y cuando nos demos cuenta, estaremos inundados de cosas. Los límites pueden definirse en número o en espacio. Si se trata de libros, por ejemplo, puedes decidir limitar tu colección a un centenar o al espacio disponible en el librero. En cualquier caso, estarás poniendo un tope a la cantidad total y asegurándote de que tu biblioteca contenga únicamente los volúmenes que más aprecias y que lees con más frecuencia.

Inspírate en las casas tradicionales japonesas, en las que solo se exhiben uno o dos objetos elegidos con esmero.

Pon límites a todos los objetos que habiten tu sala. Deshazte de lo viejo antes de incorporar algo nuevo. Nuestros gustos cambian con los años; nos cansamos de las películas, la música y los entretenimientos que antes nos encantaban. En lugar de conservar todo eso indefinidamente, haz una depuración periódica y dona todo aquello que ya no sea de tu agrado. Una colección nueva y limitada resulta mucho más agradable de manejar que un revoltijo indiscriminado de títulos. Si te gustan mucho las novedades, utiliza el servicio de préstamo de la biblioteca en lugar de comprar. De ese modo disfrutarás de una gran variedad sin los dolores de cabeza (o los gastos) que supone el hecho de tener cosas propias.

En el caso de los materiales para aficiones y manualidades, los módulos proporcionan un límite natural a la cantidad de cosas que tenemos a mano. Si están llegando al límite de su capacidad, abstente de seguir acumulando sin reducir antes la cantidad de objetos que ya tienes; para ello, comienza proyectos que tenías en mente, completa los que tengas inacabados o, simplemente, deshazte de lo que no vayas a utilizar. Imponer límites te da la excusa perfecta para deshacerte de materiales que ya no te sirven (como aquel estambre de color verde amarillento, esas cuentas tan chillonas o un trozo de tela barata) y cuya sola vista puede apagar tu entusiasmo por la actividad en cuestión. ¡Elige tus favoritos y deshazte del resto!

Limita también tus colecciones. No sé si el impulso de coleccionar objetos es inherente al ser humano, pero en algún punto de nuestras vidas casi todos hemos acumulado un determinado tipo de cosas: cromos de deportistas, peluches, tazas antiguas, primeras ediciones de libros, entradas de cine, monedas conmemorativas, sellos extranjeros o cascanueces antiguos. Disfrutamos con la búsqueda y los hallazgos (cuanto más raros, mejor) que nos permitan aumentar nuestra colección.

Pero, por desgracia, internet (y en especial eBay) ha hecho que la búsqueda de esos «tesoros» resulte muy sencilla. Antes, nuestras colecciones se veían restringidas por la disponibilidad y el acceso limitados, dado que teníamos que rebuscar en tiendas y mercadillos para encontrar algo nuevo. Ahora tenemos todo un mundo de cosas al alcance de la mano; en unas horas de navegación podemos adquirir toda una colección que antes tardábamos años en reunir. Por tanto, debemos fijarnos nuestros propios límites y restringir las adquisiciones a un número prefijado en lugar de comprar todo lo que encontremos.

Por último, pon límite a los objetos decorativos. Inspírate en las casas tradicionales japonesas, en las que solo se exhiben uno o dos objetos elegidos con esmero. De ese modo podrás honrar y apreciar esos objetos con más significado para ti, ya que no tendrán que competir con otros. Eso no significa que tengas que deshacerte del resto de los objetos decorativos (a menos que quieras, claro está). Simplemente, crea un «módulo de objetos decorativos» para guardar tus piezas favoritas, sácalas de vez en cuando y ve rotando los objetos que expones.

La regla del entra uno y sale uno nos ayuda a contener lo que tenemos en la sala porque nos garantiza que no va a entrar nada más. Si llevamos a casa un libro o un juego nuevo, tiene que salir uno viejo. Cuando llegue el último número de una revista, tira el anterior al bote de reciclaje (o pásaselo a amigos o parientes). Si empiezas a practicar una nueva afición, deja alguna que ya no te interese... y todo el material relacionado con ella. Si sales de compras y algo te llama la atención, decide de qué te desharás antes de llevártelo a casa (si no vale el sacrificio, déjalo y espera a que aparezca algo mejor). Convierte este proceso en una costumbre y verás cómo se transforma tu sala: en lugar de ser un monumento obsoleto a viejos intereses y pasatiempos, será un espacio dinámico que reflejará los gustos actuales de tu familia.

Mantener

Si un vecino llamara a tu puerta en este preciso instante, ¿podrías servir unas bebidas en la mesita de centro? Si tus hijos quisieran sacar un juego de mesa o trabajar en un proyecto artístico, ¿tendrían sitio para hacerlo? ¿O te verías obligado a posponer cualquiera de esas dos posibilidades (o renunciar a ellas) porque tendrías que quitar demasiadas cosas? Si te sintieras inspirado para practicar un poco de yoga, ¿tendrías suficiente espacio en el suelo? ¿O tu rutina sería más provechosa moviendo muebles y otros objetos para hacer un poco de espacio?

Deberíamos pensar que nuestras salas son «espacios flexibles».

Las salas son para vivir. Si los tratamos como unidades de almacenamiento improvisadas y los llenamos hasta los topes, estaremos eliminando el carácter funcional de esa estancia (y privándonos de un espacio muy valioso). Las superficies concretas (por ejemplo, la mesita de centro y las mesitas auxiliares, la mesa de trabajo o el escritorio) tienen una enorme importancia. Si se encuentran ocupadas por pilas de revistas, propaganda, juguetes, libros y manualidades a medias, resultan inútiles para las actividades cotidianas. Las superficies de la sala no deberían reservarse tampoco para exposiciones inanimadas de figuritas de porcelana, sino todo lo contrario. Están pensadas para que los niños de cuatro años pinten y coloreen, para que los adolescentes jueguen juegos de mesa con sus amigos, y para que los adultos disfrutemos de una taza de café.

Deberíamos mantener el suelo (la superficie más grande) tan despejado como sea posible. Los niños, sobre todo, necesitan espacio para moverse, jugar y explorar. No deberían estar apretados en una zona de juegos diminuta, apenas visible entre muebles de pared a pared y montañas de cosas. Los adultos también nos beneficiamos de los espacios sobrios y despejados. Cuando llegamos a casa después de un largo día de trabajo, necesitamos espacio para relajarnos tanto mental como físicamente. Si tropezamos continuamente con objetos de camino al sofá, o si al mirar a nuestro alrededor vemos desorden, nos sentiremos estresados, agobiados e irritados. Por el contrario, si la estancia es austera y hay orden, disponemos de abundante espacio (y paz mental) para ponernos cómodos, relajarnos y respirar.

Tomando prestada una expresión del mundo empresarial, deberíamos pensar que nuestras salas son «espacios flexibles». En una oficina, el espacio flexible es una zona de trabajo abierta para uso común. Cuando llega un trabajador por la mañana, ocupa una mesa disponible (vacía) para trabajar ese día. Cuando se marcha por la tarde, se lleva todas sus pertenencias y deja la mesa libre para que otra persona la utilice al día siguiente. Nuestras salas deberían funcionar de un modo similar: el suelo y las superficies deberían estar vacíos, listos para dar cabida a las actividades del día. Y cuando acabemos esas actividades, deberíamos retirar todo lo que hayamos utilizado y dejar las superficies despejadas y disponibles para la siguiente persona que vaya a utilizarlas.

Además, debemos tener siempre preparados nuestros escudos de defensa. La sala suele estar muy cerca de la puerta principal de entrada, y suele ser el primer lugar al que van a parar los objetos que entran en casa (de hecho, algunos parecen quedarse ahí para siempre). Patrulla la zona en busca de intrusos. (¿Qué hay en aquella caja junto a la puerta? ¿De quién es ese saco tirado en el sofá? ¿Eso que hay en la mesa de centro es propaganda para tirar?) Cuando detectes objetos que no están donde les corresponde, no te lleves las manos a la cabeza en un gesto de desesperación: contraataca. Elimina a los invasores en cuanto los veas y asegúrate de que todo lo que entre en la estancia o pase por ella no tenga posibilidad de quedarse. Cuelga los abrigos, guarda los zapatos, organiza el correo y lleva las nuevas compras directamente a sus respectivos lugares.

Observa con atención dónde tienden a acumularse las cosas: la mesa de centro, la mesita auxiliar o cualquier otra superficie de la sala. Si recoges inmediatamente después de cada actividad, los objetos no tendrán ocasión de acumularse. Además, si descubres artículos descarriados mientras pasas la aspiradora o quitas el polvo, no limpies a su alrededor: ¡quítalos!

Para complicar las cosas, la sala es el lugar de la casa donde encontrarás más posesiones de los miembros de tu familia. Es probable que este problema desaparezca con el tiempo, ya que los miembros de la familia aprenderán a respetar el espacio flexible y a llevarse sus objetos personales consigo cuando salgan de la sala. Sin embargo, mientras tanto, es posible que tengas que controlar y devolver esas cosas a sus propietarios a modo de búmeran. Acostúmbrate a dejarlo todo despejado cada noche antes de irte a la cama y llévate todo lo que no esté en su sitio. Tardarás solo unos minutos, pero marcará una grandísima diferencia. Puedes pasarte el día protestando, sermoneando y hablando de tener la casa ordenada, pero lo mejor para inspirar a los demás consiste en predicar con el ejemplo.

22

El dormitorio

Más que cualquier otra estancia de la casa, el dormitorio debería ser un espacio de paz y serenidad, un refugio en medio de nuestras frenéticas vidas. Por tanto, tenemos una labor importante por delante, cuyo resultado será el entorno perfecto para un merecido descanso.

Tu dormitorio debería ser la habitación más despejada de la casa. Desempeña una función extremadamente importante: proporciona consuelo a tu agotada alma después de un duro día de trabajo, escuela, cuidado de los niños, tareas del hogar y todas las demás actividades que realices en el día. Debería ser un espacio de descanso y relajación, y no solo para el cuerpo, sino también para la mente.

Tómate un momento, cierra los ojos y visualiza tu dormitorio ideal. Imagina hasta el último detalle, como si fuera una foto de una revista: el estilo de la cama; el color de las sábanas, el edredón y las mantas; las almohadas, la iluminación, el suelo, la decoración y el resto de los complementos de la habitación. ¿Qué tipo de ambiente reina? ¿Es un oasis de paz? ¿Un refugio romántico? ¿Una suite de lujo? Aunque desconozco tus gustos personales, estoy casi segura de una cosa: en el dormitorio de tus sueños no hay ni un ápice de desorden. Y así debe ser, pues resulta difícil sentirse mimado si estamos enterrados entre cosas.

Para empezar, sácalo todo de la habitación, excepto la cama.

Dado que, por definición, el dormitorio es para dormir (y no queremos sufrir de la espalda), la cama puede quedarse. Asimismo, deja los muebles grandes que vayas a quedarte sin ningún género de dudas, como clósets y cómodas. Por el momento, todo lo demás debe salir de la habitación: mesas y mesitas, sillas, cajas de almacenamiento, cestos para la ropa sucia, plantas, caminadoras, aparatos para abdominales, televisiones, computadoras, lámparas, libros, revistas, jarrones, adornos, etcétera. Vacía el dormitorio y déjalo todo en una habitación contigua.

A continuación, túmbate en la cama y obsérvalo. Vaya cambio, ¿no? Probablemente, no te habías dado cuenta de todo el espacio que tienes. ¿Te parece más despejado, tranquilo y relajante? ¿Es más fácil estirarse, despejar la mente y respirar? ¡Esas son las sensaciones que debería producir un dormitorio! Debería ayudarte a reponer energías, en vez de estresarte o provocarte cansancio. Lo mejor es que para crear ese ambiente idílico no se necesita un profesional de la decoración ni gastar mucho dinero. ¡Basta con poner orden!

Despejar

Prepara tus cajas para clasificar los objetos como Trique, Tesoro y Traspaso, y empieza a clasificar todo el contenido de tu dormitorio. Deja por el momento la ropa y los accesorios; esa es una tarea aparte, y la abordaremos en el siguiente capítulo. Por ahora concéntrate en todo lo demás, sobre todo en los objetos que no tienen nada que ver con el descanso nocturno y la vestimenta.

Es posible que te enfrentes a un interesante dilema: encontrarás objetos que no encajan en ninguno de los grupos. No quieres dejarlos en el montón de Triques, ni en la caja de Traspaso para venderlos o regalarlos; de hecho, te encantaría conservarlos. Sin embargo, tampoco van en el grupo de los Tesoros, porque no están relacionados con el sueño o la vestimenta. El problema es que puede que esos objetos encajen en tu vida, pero no en tu dormitorio.

Por desgracia, los dormitorios tienden a funcionar como depósitos de nuestras pertenencias; cuando la sala está demasiado llena, el excedente se filtra a través de las puertas del dormitorio. Imagina que tienes una visita dentro de una hora y que te pones a recoger frenéticamente la sala y el comedor. Guardas todo lo que puedes en anaqueles y cajones, pero te quedas sin espacio. ¿Qué haces? Apilas el exceso en el dormitorio. Al menos puedes cerrar la puerta y esconderlo mientras recibes a tus invitados. Lo que ocurre es que, con demasiada frecuencia, esos refugiados acaban encontrando asilo y, cuando te das cuenta, estás utilizando el dormitorio como una solución ad hoc para tu problema de acumulación.

No dudes en redefinir tu caja de Traspaso como «Traspaso a Otro Lugar», e incluir en ella aquellos objetos que pertenezcan a otros espacios de la casa. Esta pila puede contener desde revistas hasta juguetes de tus hijos o tu máquina de remo. Incluso puedes añadir algunos recuerdos y objetos con valor sentimental. Asegúrate, no obstante, de que esos objetos tengan su espacio adecuado en algún sitio. Lo último que quieres es ir pasando un montón de objetos vagabundos de una habitación a otra. Si no ves clara la función de algún objeto y no sabes dónde dejarlo, es posible que el mejor lugar en ese caso sea la caja destinada a las donaciones.

La principal función del dormitorio consiste en proporcionar espacio para dormir y guardar la ropa. Por tanto, cuando preguntamos a los objetos que viven en nuestros dormitorios cuál es su razón de ser, la respuesta debería estar relacionada con el descanso, la relajación o el vestuario; de lo contrario, es posible que tengan que ser deportados.

Probablemente, tu cama se sentirá muy ufana en este preciso instante sabiendo que saldrá airosa de la prueba. Los objetos que haya en tu mesita de noche, tu tocador o tu cómoda estarán un poco más nerviosos, aunque algunos de ellos tienen todo el derecho a estar ahí. El despertador está seguro, igual que tus lentes, la caja de pañuelos y el libro que estás leyendo. Puedes dejar ese florero con flores y algunas velas (sin duda, contribuyen a crear un ambiente romántico o relajado). Otros objetos también se habrán ganado el derecho a permanecer en ese codiciado y acogedor espacio (aunque, siendo sincera, no se me ocurren muchos). «Porque no hay otro sitio donde ponerlos» no es un buen motivo para dejarlos ahí.

Pasemos ahora a esos objetos que no deberían estar ahí, pero que tratan de abrirse paso por la fuerza. Ese incómodo cesto de la ropa limpia, por ejemplo; sin duda, la cama es una excelente superficie para doblar la ropa, pero ¡hazlo y acaba de una vez! Los montones de calcetines y camisetas no son precisamente propicios para una velada romántica. Lo mismo aplica para los juguetes de los más pequeños de la casa: no resulta fácil calentar el ambiente junto a un montón de peluches.

La principal función del dormitorio consiste en proporcionar espacio para dormir y guardar la ropa.

Los materiales para manualidades también suponen un problema. Tienen la costumbre de migrar al dormitorio cuando no encuentran refugio en ningún otro sitio. Sin embargo, a menos que tejas mientras duermes, el estambre y las agujas deberían estar prohibidas en la habitación. Si se trata de una actividad que practicas antes de ir a dormir, haremos una excepción; en ese caso, guarda las cosas en una caja o una bolsa y escóndela debajo de la cama. Por esa misma regla de tres, busca un sitio para guardar los materiales que utilices para hacer ejercicio y la computadora; los discos duros y las pesas no son precisamente relajantes.

Es posible que no dé un trato justo a los adornos, pero creo que su lugar no es el dormitorio. Es aceptable tener algunas piezas especiales, pero pregúntate si necesitas quince figuritas alineadas en tu cómoda. Cuantas más cosas tengas en las superficies, más difícil te resultará limpiarlas... Y ¿quién quiere invertir tiempo extra en las tareas de casa?

Veamos ahora cómo podemos restringir un poco más. En mi opinión, aquí empieza la verdadera diversión minimalista. Siempre he tenido una especie de vena rebelde, y romper las reglas del consumo (o de la decoración) es mi modesta manera de vengarme. ¡En ningún lugar es más divertido, o socialmente aceptable, que en el dormitorio!

Nuestros dormitorios son nuestros pequeños mundos particulares. Pocas personas de fuera entran en ese espacio íntimo, y las que sí lo hacen nos conocen muy bien (y, en principio, no nos juzgarán por la ausencia de muebles). Por tanto, en el dormitorio podemos explorar con total libertad nuestras fantasías minimalistas, dejando a un lado las convenciones sociales. Suena divertido, ¿verdad? En la sala podría resultar raro sentar a los invitados en el suelo, pero en el dormitorio nadie sabe si duermes en el suelo (y tampoco le importa).

De pequeña tenía una habitación de princesita con todo lo necesario: una preciosa cama con dosel, la colcha y las cortinas de flores, y todo el conjunto de tocador, cómodas y estanterías. Casi todo el espacio estaba ocupado con muebles, excepto algunos centímetros a cada lado de la cama. Aunque era muy bonita, me resultaba agobiante; nunca sentí tener suficiente espacio para estirar mis jóvenes extremidades y moverme con libertad. De adolescente conseguí engatusar a mis padres para que me dejaran «redecorar» mi habitación. Me deshice de las cómodas, el tocador y las mesitas de noche, y cambié la cama de princesita por un colchón y una base con una estructura sencilla. Mi dormitorio pasó de tener el 80 % de muebles y el 20 % de superficie disponible a la proporción contraria, y me encantó la transformación (¡así nació la minimalista que hay en mí!).

En nuestro dormitorio actual, mi marido y yo solo tenemos un futón en el suelo. No es una opción válida para todo el mundo, pero sí para nosotros. Al eliminar la estructura de la cama, también eliminamos la necesidad de mesitas de noche. En lugar de cómodas, guardamos toda la ropa en clósets, organizados con estantes colgantes de tela y unas cuantas cajas. No tenemos tocador; preferimos tener en el baño todo lo relacionado con el cuidado personal. El hecho de contar con lo mínimo imprescindible aporta a nuestro dormitorio un ambiente abierto, despejado y espacioso, justo lo que necesitamos después de un día ajetreado en un mundo bullicioso.

La cuestión que quiero recalcar es que no es necesario tener determinados muebles simplemente porque es lo que se espera. Que un conjunto de dormitorio se componga de seis piezas combinadas no significa que tengas que comprar las seis. No todo el mundo necesita un tocador; no todo el mundo necesita una cómoda; no todo el mundo necesita una mesita de noche. ¡Qué demonios, no todo el mundo necesita una cama! Olvídate de lo que digan las revistas de diseño sobre cómo debe ser un dormitorio doble. Ponte a pensar qué necesitas tú realmente. Restringe el mobiliario de tu dormitorio a un mínimo funcional y recupera todo ese maravilloso espacio; los vecinos no tienen por qué saber que vives sin mesita de noche.

Busca el modo de reducir también al mínimo la ropa de casa. Pregúntate si es necesario tener juegos de cama para invierno y para verano; en muchos climas, unas simples sábanas de algodón bastarán para todo el año. Del mismo modo, elige edredones y colchas que sirvan para todas las temporadas. En lugar de apilar sábanas para un ejército, reduce tu colección a lo imprescindible. Si haces buenas elecciones, podrás reducir el contenido de tu clóset sin sacrificar la comodidad.

No es necesario tener determinados muebles simplemente porque es lo que se espera.

Contener

Para que nuestros dormitorios sean tranquilos y relajantes, todo lo que contengan debe tener su lugar. Cuando las cosas están guardadas, impera una sensación de calma; los objetos descarriados, por su parte, perturban nuestro ambiente de descanso.

Resulta fácil definir las zonas del dormitorio: necesitarás una para dormir y una para vestirte. También puedes destinar una zona al cuidado personal (maquillarte, arreglarte el pelo, etcétera), sobre todo si compartes el baño con otros miembros de la casa. No soy partidaria de tener una zona de oficina en el dormitorio, a menos que no exista ninguna otra posibilidad; en ese caso, intenta separarla del espacio principal. No es fácil dejarse vencer por el sueño cuando tenemos a la vista una mesa llena de trabajo, facturas y cualquier otra cosa que nos provoque estrés. Coloca un biombo o una cortina para ocultar la zona cuando no la utilices.

El Círculo Íntimo de tu dormitorio debe contener los objetos de uso diario: por ejemplo, el despertador, los lentes para leer, productos para el cuidado personal y la ropa de temporada. Por supuesto, todas esas cosas deben ocupar sus correspondientes lugares, en vez de estar repartidas por la habitación. La ropa debe estar en el clóset y las cómodas, no apilada en el suelo o doblada en las sillas. Acostúmbrate a doblar y guardar la ropa, o a ponerla en el cesto de la ropa sucia, en cuanto sea necesario. Agrupa los cosméticos en una bolsa o un recipiente adecuado, y asegúrate de que todos los accesorios (zapatos, cinturones, bolsos, bisutería, etcétera) tengan su lugar en tu clóset o tus cajones. Los objetos de tu Círculo Íntimo deberían estar a mano, aunque no necesariamente a la vista.

Reserva el Círculo Externo para cosas como ropa de cama extra y prendas que no utilices porque no son de temporada. En cuanto al Almacenamiento Profundo, no se me ocurre un solo objeto que deba estar en el dormitorio. Garajes, áticos y sótanos no son lugares idóneos para la ropa de cama y, además, toda la que tengas deberías utilizarla.

Si no dispones de un clóset para guardar la ropa de cama en ningún otro lugar de casa, utiliza módulos en el dormitorio. Las cajas de plástico que van debajo de la cama son perfectas para guardar sábanas, almohadas y mantas. Haz lo mismo en cada dormitorio de tu casa; de ese modo, todo el mundo tendrá acceso inmediato y fácil a su propia ropa de cama y te evitarás el posible caos de tenerlo todo apilado en un estante.

Cuando reúnas toda la ropa de cama, es posible que te sorprendas de la cantidad de piezas que posees. Las sábanas y las mantas parecen reproducirse cuando estamos distraídos. Cada cierto tiempo compramos un juego nuevo (porque queremos un cambio, o las viejas están raídas, o hay invitados a la vista), sin pensar en todo lo que ya tenemos. Las viejas pasan al montón del «por si acaso», y nuestra colección aumenta con cada año que pasa. Si las guardamos en módulos, tendremos una maravillosa oportunidad de seleccionarlas y quedarnos con una cantidad razonable.

Da un paso más y limita la ropa de cama a un número concreto. En general, basta con dos juegos de sábanas por cama, ya que puedes ir rotándolos según vayas lavándolos. En el caso de mantas y edredones, el clima también es un factor importante: cuanto más cálido sea el lugar en el que vives, menos piezas necesitarás. En general, no guardes más ropa de cama de la que tu familia (y tus invitados) puedan utilizar. Sigue la regla del entra uno y sale uno, y la próxima vez que compres ropa de cama, dona la usada (piensa en el calor y el bienestar que estarás proporcionando generosamente a otras personas).

Si tienes los artículos para el cuidado personal en el dormitorio, organízalos en módulos. Guarda los cosméticos, los peines y los productos para el pelo en una bolsa o un recipiente que pueda ocultarse cuando no los utilices. ¿Por qué tener a la vista todo tu arsenal de productos de belleza y que tu pareja (o tus invitados) puedan verlos? Es mejor mantener cierto misterio que echar a perder un ambiente romántico con un despliegue de barnices, talcos para los pies o desodorantes. Te recomiendo también que busques una pequeña bandeja, una caja o un cajón para todo aquello que saques de tus bolsillos cada día (la billetera, monedas, tarjetas de transporte, llaves, etcétera). Al agruparlos, conseguirás un ambiente más ordenado y te resultará más fácil encontrarlos por la mañana.

Mantener

Pasemos a la superficie más importante de esta habitación, la cama. Debería estar siempre despejada (sin excepción y sin excusas). Tu cama es esencial para tu salud y tu bienestar, y la utilizas al menos una cuarta parte de las horas del día. Por tanto, debe estar siempre lista para su uso.

Tu cama es una superficie funcional, no decorativa, así que mantén al mínimo los cojines de adorno y otros elementos que no sean esenciales. Es una lata tener que despejar la cama cada noche antes de acostarse; cuantas menos cosas tengas que colocar y ordenar, mejor. Toma ideas de los hoteles de lujo y opta por lo simple: unas sábanas blancas impolutas y un edredón mullido bastan para crear un refugio minimalista divino. Ten en cuenta que cuando digo que la cama es una superficie funcional, no me refiero a que puede responder a todas las funciones imaginables; no está pensada para ser el lugar donde dejas la ropa lavada, una zona de trabajo, ni una zona de juegos para tus hijos. Si se destina a alguno de esos fines temporalmente, retira la ropa, los papeles o los juguetes inmediatamente después.

Por supuesto, la cama no es la única superficie que hay que controlar. Cuantos más muebles tengas (mesitas de noche, tocadores, cómodas, mesas), más alerta deberás estar (¡una razón de peso para tener menos muebles!). No permitas que esas piezas acumulen objetos descarriados. Despeja las superficies y resérvalas únicamente para aquellas cosas que sí deban estar ahí. Por último, pero no por ello menos importante, no te olvides del suelo. Deshazte de esas pilas de libros y revistas (de todos modos, ¿cuántos puedes leer a la vez?), así como de todo lo que se haya acumulado sin darte cuenta. Sobre todo, no dejes ropa por el suelo, porque sería la base para crear una montaña de ropa. Si eso llega a ocurrir, tendrás un problema mucho mayor, ya que tener una montaña de ropa que no deja de crecer no es bueno para el ambiente ni para tus prendas. De hecho, la única parte del suelo que deberías aprovechar para guardar cosas es debajo de la cama. Usa (pero sin abusar) ese espacio de almacenamiento que tanto nos gusta, pero no lo conviertas en un lugar para esconder triques sin ningún orden.

El dormitorio no se ve sometido a la misma circulación que el resto de la casa. No obstante, también necesita un mantenimiento diario para mantenerlo limpio y ordenado.

Primer punto de la agenda: haz la cama todos los días. Este sencillo acto ocupa tan solo unos minutos, pero puede transformar por completo la habitación y levantarte el ánimo para el resto del día. Una cama bien hecha es uno de los pequeños placeres de la vida, que nos invita a entrar y relajarnos después de un duro día de trabajo. Además, desprende un aura de calma y orden, y ejerce una poderosa influencia en el aspecto general de la habitación. Si la cama no está hecha, el desorden en el resto de la habitación no parece fuera de lugar: simplemente, todo parece un caos. Por el contrario, cuando la ropa de cama está bien hecha, el desorden no tiene donde camuflarse y es mucho menos probable que se acumule.

Unas sábanas blancas impolutas y un edredón mullido bastan para crear un refugio minimalista divino.

Número dos: observa la habitación en busca de prendas que no estén donde les corresponde. A veces, cuando nos quitamos un saco, un suéter o las medias (sobre todo si caemos rendidos después de una larga jornada), las cosas no llegan al lugar que les corresponde. En cuanto veas algo que no está en su sitio, quítalo. Puede resultar especialmente complicado juntar zapatos y bolsos, ya que les gusta salir, y es muy probable que te encuentres varios de ellos esperándote junto a la puerta. Concédeles su propio espacio especial en el clóset (al que regresarán cada noche) para que no ocupen espacio en tu zona de la habitación.

En tercer lugar, controla el dormitorio para evitar «huéspedes» que aparecen sin ser invitados. Aunque se trate de un espacio privado, algunas cosas logran colarse (por lo general, en manos de otros miembros de la familia). Si te encuentras algún peluche de los niños o la raqueta de tu pareja acechando en un rincón, no les invites a pasar la noche; devuélvelos inmediatamente al lugar que les pertenece. Cuando acabes de leer esa novela de misterio, no le permitas instalarse en tu mesita de noche. A menos que tengas un librero en el dormitorio, devuelve el libro a su módulo en la sala o la oficina. Despeja la habitación antes de cerrar los ojos y te despertarás cada mañana en un espacio maravilloso y sereno.

23

Los clósets

Ha llegado el momento de acabar con el desorden en nuestros clósets. Si tienes mucha ropa, pero nada que ponerte, este capítulo es para ti. Analizaremos cómo podemos ahorrar tiempo, dinero, espacio y estrés reduciendo la cantidad de prendas que poseemos (y nos resultará más fácil andar bien vestidos). Un clóset o vestidor pasado por el filtro del método STREAMLINE es uno de los verdaderos placeres del minimalismo.

Ordenar los clósets no tiene que ser una tarea pesada; al contrario, ¡puede ser genial! De hecho, es una de mis actividades favoritas en lo que a poner orden se refiere. Sin duda, resulta más fácil que abordar toda una habitación: no hay muebles de qué preocuparse, chucherías en las qué pensar ni cosas de otras personas. Sinceramente, lo vivo más como un «momento para mí» que como una sesión de limpieza. Me gusta poner música, me sirvo una copa de vino y represento mi propio desfile de moda mientras hurgo en mi clóset. Retirar las prendas viejas y sin gracia, y planificar nuevos conjuntos me otorga un par de horas de diversión. Y al final tengo la maravillosa recompensa de aumentar el espacio disponible en el clóset.

Para empezar, vacía por completo clósets y cómodas. Déjalo todo encima de la cama. Y cuando digo todo, ¡me refiero a *todo*! Llega hasta esos rincones oscuros y saca aquellos pantalones de campana, la falda abultada y el vestido de dama de honor de la boda de tu hermana. Saca también las botas vaqueras, los zapatos de plataforma y los tacones de aguja con los que nunca has podido caminar. Vacía todos los cajones de ropa interior, calcetines, pijamas y calzones, y coloca en fila todos tus bolsos para inspeccionarlos. Continúa hasta que tengas todos los cajones, las repisas y los percheros vacíos.

Sin embargo, antes de proseguir, hagamos examen de conciencia. Para crear un clóset minimalista tenemos que saber qué es adecuado para nosotros. Invierte algo de tiempo en sopesar tu estilo: ¿es clásico, deportivo, fresa, punk, bohemio, elegante, *vintage*, romántico, moderno? ¿Prefieres los tonos pastel, los de las piedras preciosas o los primarios llamativos? ¿Te sienta mejor la ropa ajustada o la amplia y vaporosa? ¿Qué tejidos te resultan más cómodos? Ten en mente tus respuestas a estas preguntas cuando repases tu vestuario. Seguramente, las piezas que no encajen con tu estilo o tus preferencias pasarán más tiempo en tu clóset que en tu cuerpo.

A continuación, imagina que un incendio, una inundación o cualquier otro desastre aniquila todo tu clóset y debes empezar de cero. Tu presupuesto es limitado, de modo que tienes que elegir muy bien. Piensa en lo más básico que necesitarías para una semana normal. La lista incluirá, seguramente, calcetines, ropa interior, uno o dos pantalones, un par de blusas, un saco, unos zapatos versátiles y, tal vez, un suéter, una falda y unas medias (olvida esto último si eres hombre). Querrás elegir piezas que te sirvan tanto para trabajar como para el fin de semana, y que puedas ponerte en capas para estar cómodo con diferentes temperaturas. Tendrás que poder mezclarlas y combinarlas, y crear varios conjuntos con unas cuantas piezas. Este ejercicio arroja luz sobre las prendas más funcionales y sienta unas buenas bases para un clóset minimalista.

Despejar

Ahora que los clósets están vacíos, pruébate la ropa. Si hace cinco años que no te pones ese vestido de noche o ese traje de tres piezas, ¿cómo sabes que todavía te quedan bien? Pruébate cada prenda y mírate bien en el espejo. Todos sabemos que el hecho de que algo luzca bien en el gancho no significa que tenga que quedarnos bien, y a la inversa, una prenda que no nos acaba de convencer a primera vista podría cobrar vida cuando nos la ponemos.

Organiza tus grupos de Trique, Tesoro y Traspaso, y mentalízate para una toma de decisiones seria. Utiliza cajas o bolsas de basura para lo que no te vayas a quedar (no para tirarlo, sino para guardarlo fuera de la vista). De ese modo reducirás la tentación de recuperar cosas de ese montón. Si tu firmeza empieza a flaquear, tómate un descanso y vuelve a leer los capítulos sobre filosofía de la primera parte. En ocasiones solo se necesita un breve empujón para continuar.

El principal motivo para conservar una prenda de ropa es que te la pongas.

En la pila de Trique pon todo aquello que ya no puede aprovecharse (porque está en muy mal estado o porque no tienes capacidad o deseo de arreglarlo), como ese suéter agujereado o esa blusa con una mancha imposible de eliminar. Si no eres capaz de ponerte esa prenda en público, significa que no tiene que estar en tu clóset. No obstante, eso no implica que esté destinada al basurero. Si eres capaz de reciclarla o darle un nuevo uso, mucho mejor. De todos modos, consérvala únicamente si tienes en mente un uso específico.

Si tuviéramos que tratar únicamente con artículos gastados, poner orden sería una tarea facilísima. Sin embargo, la mayoría de nuestra ropa deja de gustarnos mucho antes de que esté inservible. Pon en el grupo de Traspaso todo lo que te haga sentir cohibido, incómodo o esté pasado de moda, es decir, toda esa ropa en buen estado que ya no es para ti. En lugar de dejar que se pudra en tu clóset, dale la oportunidad de vivir una segunda vida. Si tienes alguna prenda sin estrenar, con la etiqueta puesta, devuélvela si puedes (la mayoría de los establecimientos aceptan devoluciones en el plazo de un mes). De lo contrario, véndela por internet o en una tienda de segunda mano o dónala a alguna organización benéfica.

Sigue el método STREAMLINE para encontrar tus tesoros y no tardarás nada en tener un clóset minimalista. No obstante, si prefieres ir con más calma, existe una técnica alternativa que apenas requiere esfuerzo. Consigue tres carretes de cinta verde, amarilla y roja. Después de utilizar una prenda, ata una cinta al gancho: verde si te sentiste fenomenal usándola, roja si te sentiste desaliñado y amarilla si estás indeciso. Al cabo de seis meses, quédate con los ganchos verdes y amarillos como tus tesoros, y pasa al grupo de Trique o Traspaso las rojas. Si tienes prendas sin marcar, significa que no te las has puesto... y ¡sabes perfectamente a qué grupo pertenecen!

El principal motivo para conservar una prenda de ropa es que te la pongas. Parece simple, ¿no? ¿No justificaría eso casi todo tu vestuario? No tan rápido. Según el principio de Pareto, o la regla del 80/20, llevamos el 20% de nuestra ropa el 80% del tiempo. ¡Vaya, vaya! Eso significa que no nos ponemos la mayoría de la ropa que tenemos (o, al menos, nos la ponemos muy poco). Podríamos reducir el contenido de nuestros clósets a una quinta parte y no extrañaríamos nada.

La ropa que te queda bien tiene un buen motivo para quedarse en tu clóset. Por el contrario, lo que no te sienta bien, no te lo pones; y si no te lo pones, ¿por qué conservarlo? No guardes ropa de diferentes tallas por si subes o bajas de peso; recompénsate con nuevas prendas *después* de perder esos kilos que te sobran (¡qué gran incentivo para no comer postre e ir al gimnasio!).

Las prendas que te favorecen también son bienvenidas en tu clóset. Determina qué largo de manga hace que tus brazos parezcan sexis, y qué largo de falda le va mejor a tus piernas. Decide qué colores realzan tu tono de piel y cuáles lo apagan. Basa tu guardarropa en tu cuerpo, no en las modas. Cuando pienses en un conjunto, pregúntate si te sentirías cómodo en caso de que te fotografiaran o te encontraras con tu ex por sorpresa. Si la respuesta es «no», fuera.

La ropa que encaja con tu estilo de vida también se queda. Redacta una lista de las actividades para las que necesitas un determinado vestuario (trabajo, actividades sociales, jardinería, ocio, ejercicio) y repasa las prendas en cuestión. No cedas a la tentación de quedarte con ropa de «fantasía»; un clóset lleno de vestidos de fiesta no te convertirá en un miembro de la alta sociedad. Dedica tu espacio a lo que usas en la vida real. Ajusta tu clóset para adaptarte a los cambios de la vida: deshazte de esos trajes formales si ahora trabajas desde casa, o de aquel abrigo de borrego si te has mudado a una zona con un clima más cálido.

Lo ideal sería que pudieras vestirte a oscuras y, aun así, lucir estupendamente.

No guardes prendas simplemente porque te costaron un buen dinero. Sé que no es fácil deshacerse de aquel suéter de cachemir o de aquellos zapatos de tacón de marca aunque nunca te los pongas. Si siguen en tu clóset, parece que no tienes la sensación de haber tirado el dinero (sé de lo que hablo). Sin embargo, harías mejor vendiéndolos para recuperar parte de la inversión o donándolos a una organización benéfica. En este último caso, el dinero «gastado» al menos irá a parar a una buena causa.

En esencia, un clóset minimalista es lo que popularmente se conoce como clóset básico: un conjunto de prendas básicas y combinables para formar varios conjuntos. En primer lugar, selecciona un color de base (negro, marrón, gris, azul marino, crema o caqui, por ejemplo) y limita las piezas básicas (pantalones y faldas) a ese color. Yo elegí el negro, principalmente porque me favorece, es bueno a la hora de viajar y disimula las manchas, y me deshice de las prendas de color azul marino, marrón y tostado. Esta estrategia no solo redujo considerablemente el contenido de mi clóset, sino que, además, me ayudó a recortar también en accesorios. Me entusiasmó descubrir que ya no necesitaba calzado y bolsos de colores muy diversos. Un bolso negro y unos zapatos de ese mismo color van con todo lo que tengo en mi armario, y eso significa que me las arreglo con muchas menos prendas.

No te preocupes, esa estrategia no implica que tengas que vestirte de un solo color de pies a cabeza; ahora llegamos a la elección de los toques de color. Selecciona unos cuantos tonos que te favorezcan y que combinen con tus neutros (yo elegí el vino, el morado, el agua y el verde azulado). Mantente fiel a esos colores cuando selecciones blusas, suéteres y otras piezas para complementar tus básicos. Para añadir un toque de variedad puedes incorporar un neutro secundario: tengo faldas y pantalones grises, además de negros. Puedes elegir el caqui además del marrón, o el crema para acompañar al azul marino. Solo tienes que asegurarte de que los colores son combinables. Lo ideal sería que pudieras vestirte a oscuras y, aun así lucir, estupendamente.

A continuación nos centraremos en la versatilidad. Los candidatos para tu clóset básico tienen que ser multifuncionales y servirte para diversos climas y ocasiones. Opta por superponer capas en lugar de usar prendas voluminosas: un saco fino y una camiseta, por ejemplo, son mucho más prácticas que un suéter grueso. Elige formas sencillas frente a las recargadas: una camiseta de cuello en V combina más que una con volantes. Selecciona piezas que vayan con todo: unos zapatos negros básicos resultan infinitamente más versátiles que unos tacones de aguja de color verde lima.

Opta por prendas que te permitan ir arreglada, pero también informal. Olvídate de las lentejuelas y las sudaderas, y de todas las prendas que resulten demasiado sofisticadas o excesivamente informales. Elige el suéter que te permita ir bien vestida a la oficina o a una cena; el vestido al que puedas dar un toque de *glamur* con un collar de perlas o que puedas lucir más informal con unas sandalias; la camisa que vaya bien con traje y corbata, pero también con unos *jeans*. ¿Quieres añadir un poco de chispa? Haz como los sofisticados franceses y utiliza toques elegantes para animar conjuntos sencillos y clásicos: una corbata vistosa, un cinturón con carácter o un brazalete atrevido. He observado que si añado una pañoleta vistosa a un conjunto que utilizo con frecuencia, siempre hay alguien que me hace algún comentario sobre mi «nuevo conjunto». He ahí el poder de los accesorios: aportan un aire nuevo a un conjunto muy visto y apenas ocupan espacio.

Contener

Mantén toda tu ropa en la zona que le corresponde, ya sea un clóset, un vestidor o unos estantes. No dejes que los zapatos se acomoden en la sala o que las blusas acaben ocultas en el clóset de tu pareja. Debes destinar un lugar a cada cosa: dedica unas repisas a las camisetas, unos cajones a la ropa interior y unas secciones del clóset a abrigos, trajes y vestidos. En tu Círculo Íntimo guarda las piezas que llevas a diario o una vez por semana (calcetas, ropa interior, pijamas, ropa de trabajo, ropa para el fin de semana, ropa para el gimnasio y ropa para estar en casa). Tener esas prendas a mano te permitirá ahorrar tiempo a la hora de vestirte y te resultará más fácil mantener el orden.

Reserva el Círculo Externo para la ropa que lleves con menos frecuencia (entre una o dos veces al mes y una o dos veces al año). Probablemente, aquí irá la ropa de vestir, la más formal. ¿Por qué tenerla si apenas te la pones? Porque existe la posibilidad de que te inviten a una boda, a una fiesta o a algún otro acto social, y resultará menos estresante tener algo a mano que verte en la obligación de salir de compras. Eso no significa que necesites tres smoking o cinco vestidos de noche; bastará con un traje o un vestido negro. Dado que esas ocasiones son poco frecuentes, no habrá problema en que repitas modelo. Tu Círculo Externo también puede albergar prendas especiales y de temporada como los pantalones de esquí y los trajes de baño. Pásalos a tu Círculo Íntimo en el momento del año que corresponda.

Muy pocas prendas (por no decir ninguna) irán a parar al Almacenamiento Profundo. Las piezas con valor sentimental, como los trajes y los vestidos de boda, son posibles candidatas, si es que decides guardarlas. También podrías utilizar el Almacenamiento Profundo para guardar la ropa de niño que ya no le quede y pueda heredar algún hermano. Pero piensa bien dónde guardas estas prendas, ya que el ático, el sótano y el garaje podrían no ser ideales para los tejidos y acelerar su paso al grupo de los triques. De ser posible, encuentra un lugar discreto, pero con la temperatura controlada, dentro de tu casa.

Si agrupas tu ropa en módulos, los resultados pueden ser sorprendentes. Podrías descubrir que tienes diez pantalones negros, veinte blusas blancas o treinta pares de zapatos. Cuando lo veas todo junto, inmediatamente te darás cuenta de que tienes más que suficiente. La idea consiste en mantenerlos agrupados para no caer en la tentación de añadir nuevas piezas a tu colección. Cuelga todas las blusas juntas, y haz lo mismo con los pantalones, los vestidos y los abrigos. Guarda las pijamas, la ropa de deporte y los suéter agrupados en sus correspondientes estantes, y los calcetines y la ropa interior en sus cajones.

Si así lo deseas, puedes descomponer todavía más tus módulos por color, temporada o tipo. Por ejemplo, guarda juntos todos los pantalones azul marino, los sacos marrones o los pantalones cortos de color caqui. Puedes dividir tus blusas: sin mangas, manga corta y manga larga; las faldas: mini, a la altura de la rodilla y largas. También puedes clasificar tus vestidos en informales y formales, y tus trajes, en verano e invierno. Cuanto más específicos sean tus módulos, más sencillo te resultará saber todo lo que tienes. Haz lo mismo con los accesorios; solo porque sean pequeños no debemos dejarlos de lado. Agrupa tus pañoletas y bufandas, y divídelos por temporadas. Agrupa también los zapatos y clasifícalos por actividad (¿cuántos pares de tenis tienes?). Agrupa la bisutería y clasifícala en aretes, collares, broches, anillos y pulseras. Agrupa los bolsos y clasifícalos por color, temporada o función.

Cuando lo tengas todo agrupado, habrá llegado el momento de la purga. Si descubres que tienes demasiadas cosas de una misma categoría, guarda solo las mejores y las que más te favorezcan (probablemente, son las que acabarás utilizando con más frecuencia). Resulta comprensible tener cosas repetidas; pocas personas se las arreglan con una sola blusa o un pantalón. ¡Incluso los monjes budistas tienen dos túnicas! El problema surge cuando tienes tantas prendas similares que casi nunca las utilizas. Elige las mejores, las más bonitas, y deshazte del resto.

Por último, mantén tu ropa de manera que esté siempre ordenada. Esto no significa que tengas que salir corriendo a comprar veinte cajas de plástico; puedes guardarlas en un estante, un cajón o una sección de tu clóset. En el caso de las piezas pequeñas, lo mejor es guardarlas en recipientes: utiliza bandejas, cajas o cestos para las medias, las pañoletas, los relojes y la bisutería. Lo tendrás todo organizado y evitarás la acumulación.

Cuando actualicemos nuestros clósets, también debemos vaciarlos de lo anticuado, lo que ya no nos quede y lo que no nos favorezca.

En esta época de producción en masa, la ropa es barata y está permanentemente a nuestro alcance. Podemos salir de compras y volver a casa con todo un cargamento si así lo queremos. Además, la moda cambia constantemente; lo que está de moda esta temporada, queda anticuado a la siguiente y se ve sustituido por un nuevo surtido de prendas imprescindibles. Si nuestros abuelos y bisabuelos podían comprarse solo unas pocas piezas nuevas al año, nosotros no tenemos restricciones. ¡No es de extrañar que nuestros clósets estén a reventar!

Ese es el motivo por el que los límites desempeñan un papel importante en nuestros clósets minimalistas: mantienen el volumen de prendas y accesorios a un nivel manejable. Por tanto, en general, limita tus prendas al espacio de almacenamiento del que dispones; no permitas que se rieguen por la habitación por falta de espacio. Mejor aún, en lugar de llenar el clóset hasta el tope, elimina suficientes prendas para abrir espacio. No es bueno para tu ropa (ni para tu nivel de estrés) que tengas que «pelearte» con los ganchos o apretujarla en los cajones. Teniendo esto en cuenta, vamos a revisar el concepto anterior: limita la ropa para tener menos cantidad de la que te permite el espacio de almacenamiento disponible.

No puedo decirte cuántas blusas, suéteres o pantalones deberías tener; las cantidades las decides tú. Cuando me mudé al extranjero, solo me cabían cuatro pares de zapatos en la maleta, y con eso me quedé. Cuando compré un gancho para cinco faldas, recorté mi colección a ese número. He limitado los abrigos a uno por temporada, y mis calcetas y ropa interior a diez juegos. Tus límites serán distintos a los míos y dependerán de tu situación personal y de tu grado de comodidad. Diviértete comprobando cuántos conjuntos puedes formar con un determinado número de piezas; se trata de una gran oportunidad para ejercitar tu creatividad y tu estilo.

La moda cambia con tanta rapidez que no tenemos tiempo de acabarnos la ropa; así, si compramos piezas nuevas cada temporada, los clósets acabarán llenos rápidamente. Por tanto, cuando actualicemos nuestros clósets, también debemos vaciarlos de lo anticuado, lo que ya no nos quede y lo que no nos favorezca. Aplica la regla del entra uno y sale uno; si llevas a casa un nuevo par de tenis nuevos, tira un par usado; si te das el capricho de un vestido nuevo, deshazte de uno viejo, y si compras un nuevo traje para el trabajo, jubila a uno antiguo. Tu clóset se compondrá entonces de una colección renovada, en constante cambio, y no en un archivo rancio de prendas pasadas de moda.

Si tu ropa está «demasiado bien» para deshacerte de ella, pregúntate si realmente necesitas comprar prendas nuevas. ¿De qué sirve incrementar tu colección si lo que ya tienes es perfectamente adecuado? No cedas a la presión de seguir las tendencias: no son más que una estratagema comercial pensada para separarte del dinero que tanto te cuesta ganar. En lugar de comprarte los imprescindibles de cada temporada, invierte en prendas clásicas que no pasen de moda. Tu cuenta bancaria estará más sana, tendrás más espacio en tu clóset y las sesiones para poner orden serán más breves.

Mantener

Hemos liberado espacio en los clósets y hemos aprendido a lucir estupendos con menos. ¡Felicitémonos por el trabajo bien hecho! Ahora nos toca asegurarnos de que la situación no se nos vuelva a ir de las manos.

En primer lugar, mantén ordenado tu clósets. Cuelga o dobla inmediatamente la ropa limpia, y echa al cesto de la ropa sucia lo que tengas que lavar. Si guardas las cosas en sus correspondientes módulos, siempre sabrás lo que tienes y eliminarás la posibilidad de que cinco suéteres nuevos se cuelen en tu clóset. Mantén despejado el suelo del clóset o el vestidor utilizando el almacenamiento vertical (estantes, zapateros, barras u organizadores colgados). Evitarás la acumulación y mantendrás tus prendas en mejores condiciones. Cuando te vistas para una entrevista de trabajo o una primera cita, lo último que querrás hacer es recoger la blusa o el saco del suelo del clóset.

En segundo lugar, cuida tu ropa; no puedes permitirte tener una prenda imprescindible medio abandonada porque tiene una mancha de barro o un dobladillo descosido. Aplica el sentido común para evitar los daños: no te pongas los zapatos de ante si llueve ni los pantalones blancos para asistir al partido de futbol de tu hijo. Un poco de mantenimiento preventivo marca una gran diferencia: arregla las pequeñas roturas antes de que se conviertan en grandes, y trata las manchas antes de que sea imposible eliminarlas. Si tratas a tus prendas con un poco de amor y cuidado, no necesitarás refuerzos esperando su oportunidad.

En tercer lugar, aléjate de las tiendas. No vayas de compras por diversión, para entretenerte o por puro aburrimiento: ¡así es como te meterás en problemas! Ya sabes cómo funciona: deambulas por un centro comercial y, de repente, un vestido precioso te llama la atención. Cuarenta y cinco minutos más tarde, sales de la tienda con el vestido... y con unos zapatos, un bolso, un chal, unos aretes y unos complementos a juego que has ido acumulando por el camino. Evita la tentación y no pises ni una tienda (ni por internet) hasta que realmente *necesites* algo. Elabora un inventario de tu ropa y llévatelo cuando vayas a comprar; si tienes veintitrés blusas en tu lista, será muy poco probable que compres la número veinticuatro.

Por último, aprovecha los cambios de temporada para poner orden. El otoño y la primavera son épocas ideales para reconsiderar tu guardarropa. Cuando saques los abrigos o los suéteres a fin de prepararte para el invierno, tómate tu tiempo. Nuestros gustos cambian, nuestros cuerpos cambian, y también la moda. Aquel saco que te encantaba el año pasado podría lucir raído o anticuado, o ya no te gusta; aquellos *jeans* ajustados tal vez te queden demasiado ajustados en comparación con la última vez que te los pusiste. Deshazte de todo lo que creas que no te pondrás y empieza la nueva temporada con un poco de espacio extra en tu clóset.

24

La oficina en casa

Acontinuación nos embarcaremos en una tarea considerable: ordenar la oficina. Despejaremos las montañas de papeles de los escritorios y crearemos métodos para evitar la acumulación en el futuro. Puede parecer abrumador, pero haremos las cosas paso a paso. Te aseguro que te resultará mucho más agradable organizar las facturas. Además, la recompensa valdrá el esfuerzo, puesto que tu nuevo, limpio y magnífico espacio de trabajo te ayudará a ser muchísimo más productivo.

Imagina que estás sentado ante tu mesa de trabajo con un importante proyecto entre manos. Vas avanzando a buen ritmo y, de repente, necesitas un documento concreto. «¡Vaya!», piensas, observando los montones de papeles que tienes repartidos por el escritorio. Aprietas los dientes y te pones manos a la obra, rezando para que se materialice sin demasiado esfuerzo. No tienes tanta suerte. Rebuscas entre los papeles mientras tu desesperación va en aumento (y en el proceso encuentras una factura que hay que pagar, una solicitud que hay que enviar y una receta que debes archivar). Te ocupas de eso y retomas la búsqueda. Cuando estás a punto de dar por «perdido» el documento, lo encuentras en otro montón de papeles, en otro lugar de la habitación. Pero para entonces ya has perdido toda la concentración y no dispones de tiempo; el proyecto tendrá que esperar, inacabado.

Si el espacio está ordenado, tu mente está ordenada; puedes

trabajar sin distracciones y eres más productivo. Un escritorio desordenado, por el contrario, supone un obstáculo para avanzar. Si tu espacio es demasiado caótico, podría ocurrir que no consigas acabar nada de nada.

¿Cómo empezamos en este caso? Aquí, más que en ninguna otra parte, conviene descomponer la tarea en partes más pequeñas. En lugar de sacar los escritorios, los libreros y los archiveros a la sala, abordaremos el contenido de esos muebles y recipientes en primer lugar. Si somos capaces de reducirlo hasta el punto de poder prescindir de alguno de esos elementos de almacenamiento, ¡fantástico! No obstante, los papeles y el material de oficina son pequeños y numerosos, y es posible que solo puedas abordar un cajón o un archivero antes de pasar al siguiente. No caigas en la tentación de precipitarte; tómate el tiempo necesario para ser exhaustivo y tu esfuerzo tendrá unas repercusiones mucho más evidentes.

Vacía por completo el cajón o el estante por el que decidas empezar. En lugar de elegir una o dos piezas para eliminar, saca la carretada de cosas que tienes dentro y vacía completamente el contenido. Cuando lo tengas todo fuera, podrás valorar cada objeto y decidir si vale la pena guardarlo o no. Si alguna vez has fantaseado con jugar a ser una deidad todopoderosa, esta es tu oportunidad: el destino de cientos de grapas, clips, bolígrafos, papeles y gomas está en tu mano. Pon a trabajar tu magia divina y crea un paraíso minimalista.

En el proceso ponte a pensar cómo y dónde guardas tus papeles y materiales de oficina. Que la engrapadora haya estado siempre en el rincón izquierdo del segundo cajón no implica necesariamente que tenga que volver a ese lugar. La fase de volver a empezar es una maravillosa oportunidad para cambiar las cosas y probar una nueva configuración, una oportunidad para diseñar tu espacio de trabajo a fin de conseguir una comodidad y una eficiencia máximas.

Despejar

Empieza por lo fácil: deshazte de toda la propaganda que hayas acumulado. La gran mayoría de esos papeles (solicitudes de tarjetas de crédito, circulares con fines comerciales, catálogos, folletos y similares) no tiene ninguna importancia. Si no es lo suficientemente importante como para provocar una respuesta ahora, muéstrale el bote de reciclaje. No te entretengas intentando decidir, simplemente sigue adelante y elimina sin miramientos. Es muy poco probable que en el futuro te arrepientas de haber tirado la propaganda.

En el proceso, tira (o recicla) todo lo que pertenezca claramente al grupo Trique: bolígrafos acabados, clips oxidados, ligas flojas, gomas gastadas, calendarios pasados, lápices rotos, carpetas rotas, notas adhesivas pasadas, sobres usados, cartuchos de tinta vacíos y todo lo que no puedas identificar. No sé cómo se nos cuelan los materiales de oficina en mal estado y logran quedarse entre nosotros tanto tiempo. Reúnelos y pon fin a su sufrimiento.

Ha sido un buen calentamiento, ¿verdad? ¿No te has sentido genial deshaciéndote de todo eso? Ahora que ya estamos preparados mentalmente y en marcha, podemos pasar a retos mayores. Quizá no te hayas dado cuenta, pero algunos de tus materiales de oficina «en buen estado» también deberían estar en el grupo de los triques. Antes de que grites «¡sacrilegio!», permíteme que me explique. El material de oficina se va acumulando con el tiempo (por lo general, a lo largo de *mucho* tiempo), y casi nunca nos planteamos deshacernos de él. Durante ese tiempo, la tecnología, los gustos y las necesidades cambian, y algunos de esos materiales pasan a ser, sin duda, poco útiles.

Me avergüenza admitirlo, pero durante mi última gran limpieza me encontré un paquete de esquinas decorativas para fotos (todas mis fotos están digitalizadas), una caja de disquetes, etiquetas para VHS y, lo creas o no, cinta correctora para máquina de escribir. Estoy segura de que no soy la única que ha descubierto materiales anticuados en un espacio de trabajo moderno; busca bien y es posible que tú también descubras algunas antigüedades. Puede que esos materiales todavía funcionen pero se hayan vuelto obsoletos, y si ya no te sirven (o no le sirven a nadie que conozcas), sabes muy bien cuál es su destino.

Hay algo más que añadir al grupo de los triques: los equipos informáticos y electrónicos que ya no funcionan. En muchos casos, ya los hemos sustituido con flamantes aparatos nuevos. Entonces, ¿por qué el monitor viejo y roto sigue en una esquina de nuestra oficina? ¿De verdad esperamos que reviva si el nuevo falla de repente? La mayoría de nosotros carecemos de los conocimientos técnicos necesarios para arreglar esos aparatos, y los costos de reparación casi siempre superan al de los aparatos nuevos. Por tanto, si conservas una impresora, una computadora o cualquier otro aparato que pasó a mejor vida hace mucho tiempo, despídete definitivamente. No conviertas tu oficina en un asilo para máquinas viejas y caducas.

Para tener una oficina verdaderamente minimalista, restringe los materiales a lo más esencial.

Otros candidatos para el grupo de los triques son los papeles y los materiales relacionados con proyectos e intereses pasados. Si ya no tienes ningún vínculo con ellos, elimínalos. Sé que resulta tentador conservar materiales que demuestran lo mucho que has trabajado. Así es exactamente como me sentí con respecto a mis apuntes de la universidad, pues representaban la sangre, el sudor y las lágrimas de una dura época de estudio. No obstante, la información que contenían era irrelevante para el rumbo que había tomado mi carrera. El día en que el camión de reciclaje se los llevó, me sentí muchísimo más ligera... y preparada para dar la bienvenida a mi futuro en lugar de aferrarme al pasado.

Mientras analizas tus cosas, haz un uso generoso de la pila de Traspaso. Aunque ya no necesites cincuenta carpetas de color fosforescente o un regimiento de lápices del número dos de por vida, otra gente podría necesitarlos: un colegio, un hospital o una organización sin ánimo de lucro, cuyo dinero estará mejor invertido en proporcionar servicios que en comprar material de oficina. El material informático y electrónico puede ser especialmente valioso para ese tipo de organizaciones. Realiza algunas llamadas y ofrece lo que ya no necesitas; el tiempo y el esfuerzo para encontrarles un nuevo hogar compensan con un buen karma. Guarda los comprobantes de las donaciones por si te sirven para deducir impuestos.

Ahora que ya te has librado de lo que estaba estropeado, roto y obsoleto, revisa con atención lo que queda. Analiza todo a fondo para decidir qué debería ir a la categoría de Tesoro. ¿Realmente necesitas cinco colores distintos de marcadores o seis tipos de sobres? ¿Cuántos métodos necesitas para saber la fecha y la hora (si tienes un reloj, una computadora y un celular, es necesario que tengas también un reloj de sobremesa y un calendario)? ¿El pisapapeles cumple su función, o solo está de adorno? Pueden parecer trivialidades, pero ocupan un espacio considerable en tu mesa.

Para tener una oficina verdaderamente minimalista, restringe los materiales a lo más esencial. Si solo envías diez cartas al año, no necesitas tener quinientos sobres en casa. Si rara vez utilizas una liga, elimina el montón que guardas en el cajón. ¿Cuántas engrapadoras, reglas, despachadores de cinta adhesiva, sacapuntas y tijeras tienes? Si la respuesta es «más de uno», ¡es demasiado! Algunas piezas, como las engrapadoras, no necesitan sustituto; en el improbable caso de que la tuya falle, puedes sustituirla fácilmente y por poco dinero. No dediques un preciado espacio a guardar sustitutos.

En los tiempos que corren no es necesario hacer acopio de nada. Casi cualquier cosa que necesites puedes conseguirla fácilmente en una tienda de tu barrio o en internet; es como tener un anaquel de suministros gigante, a demanda y a distancia. Busca tu propio grado de confort: si consideras que no puedes trabajar sin un abastecimiento de papel o cartuchos de tinta para cinco años, adelante. Pero si dispones de poco espacio, sabes que muy probablemente podrás arréglartelas con menos. Como mínimo, se trata de un buen experimento (y la Tierra no dejará de girar si te quedas sin clips).

Con un poco de creatividad también podrás restringir tu equipo de oficina. Convierte tu *laptop* en tu computadora principal y renuncia a la de escritorio. Elige aparatos multifuncionales (por ejemplo, una impresora que también escanee y fotocopie) en lugar de tener tres máquinas distintas. Plantéate el reto de hacer tu trabajo con la menor cantidad de aparatos posible.

Por último, invoca todo tu poder minimalista y desátalo sobre tus papeles. Para esta tarea te recomiendo un escáner: ocupará menos espacio que las montañas de papel que conseguirás eliminar. ¡Te preguntarás cómo habías podido vivir sin este maravilloso aparato! Yo digitalizo artículos, postales, cartas, facturas, extractos bancarios, instrucciones, fotos, folletos, etcétera, todo aquello de lo que necesito la información, pero no la copia original. (Por supuesto, no te olvides de eliminar carpetas de tu computadora para no acabar con una acumulación digital). Antes de volverte loco con el escáner, piensa que siempre necesitarás guardar algunas copias en papel. Los márgenes temporales específicos para guardar determinados documentos dependen de la situación personal, de los requisitos legales y de la práctica común en la zona donde vivas. Consulta con un asesor financiero o en internet para estar al tanto de los detalles.

En el futuro, piensa mucho antes de imprimir algo; ¿por qué generar más papeles con los que tendrás que lidiar después? Deja los correos electrónicos en la bandeja de entrada y marca como favoritas las páginas web que necesites consultar en el futuro. Si te preocupa la idea de no poder acceder a la información más adelante, conviértela en un archivo PDF. De ese modo tendrás una copia en el disco duro y podrás consultarla en cualquier momento. Esta estrategia es ideal para las facturas y las confirmaciones de pago por internet, ya que te proporciona la prueba que necesitas sin generar más papel. Eso sí, no olvides hacer copias de seguridad de vez en cuando para evitar la pérdida de datos.

Contener

En cada lugar, una cosa, y cada cosa en su lugar, esa es la mejor manera de mantener ordenado el escritorio. En lugar de dejar que los bolígrafos, los clips y las gomas acaben esparcidos por toda la mesa, agrúpalos en los lugares asignados y asegúrate de que permanezcan ahí. Asigna lugares específicos para carpetas, correo de entrada, correo de salida, catálogos, revistas, facturas y todos los tipos de material de oficina y papeles que tengas. Si te ayuda, etiqueta recipientes, cajones y estantes para recordarte el contenido de cada espacio.

En cada lugar, una cosa, y cada cosa en su lugar, esa es la mejor manera de mantener ordenado el escritorio.

Tu Círculo Íntimo debería constar de materiales que utilizas habitualmente y papeles en uso; así, deberías tener a mano bolígrafos, lápices, clips, sobres, sellos, blocs de notas, talonarios y correo de entrada y salida (entre otras cosas). A tu Círculo Externo pertenecen los papeles y los archivos con los que has trabajado recientemente y que podrías tener que volver a consultar (recibos, facturas, extractos y materiales de investigación, por ejemplo), así como papel para imprimir y cartuchos de tinta. Utiliza el Almacenamiento Profundo para el papeleo que debes conservar a largo plazo o indefinidamente (como actas de nacimiento, de matrimonio, diplomas, escrituras, declaraciones de impuestos y otros documentos legales y económicos importantes). No caigas en la tentación de digitalizarlos y eliminar las versiones en papel, ya que para este tipo de documentos casi siempre se necesitan los originales. Guárdalos bien y considera la posibilidad de utilizar una caja ignífuga o de seguridad para aquellos que sean difíciles de sustituir.

En cuanto a los módulos, otorga a cada categoría de material de oficina su propio recipiente especial (aunque sea una bolsa hermética o un organizador en un cajón). Los clips no deberían compartir espacio con las ligas; los sellos no deberían socializar con las grapas, y las carpetas no deberían confraternizar con las revistas y los catálogos. La agrupación te ayudará a encontrarlos más fácilmente y dejará en evidencia el exceso. Cuando hayas reunido treinta lápices, te darás cuenta de lo absurdo que resulta tener tantos, y ojalá eso te motive a deshacerte de casi todos.

Como alternativa, organiza tu material de oficina por actividad: seguramente, tu productividad aumentará si sabes que tienes a mano lo necesario para las tareas rutinarias. Por ejemplo, podrías tener un módulo para facturas, en el que guardaras el talonario, los sobres, los sellos y un bolígrafo; un módulo para la declaración de impuestos, en el que reunieras todas las facturas y la documentación necesaria recopilada durante el año, y módulos para proyectos, en los que guardaras materiales y papeleo necesarios para temas específicos, investigaciones o escritos.

Mientras agrupas tus cosas, es probable que descubras que tienes más bolígrafos, clips, grapas, gomas y materiales varios de los que utilizarás si eres realista. No es necesariamente responsabilidad tuya, sino que ocurre que muchos de esos objetos se venden en grandes cantidades. Otros, como los bolígrafos, te siguen hasta casa desde la oficina, se meten en tu bolso mientras vas de aquí para allá, y se reproducen en el sigilo de la noche. Establece límites para cada categoría, deshazte del exceso y, en el futuro, mantén una actitud minimalista cuando vayas a comprar material de oficina. Olvídate de los paquetes enormes o reparte las compras con un amigo, un familiar o un colega.

Los módulos y los límites también ayudan a mantener el papeleo bajo control. Todos sabemos lo que pasa cuando archivamos, y archivamos, y volvemos a archivar: acabamos con carpetas a punto de estallar cuyo contenido se desparrama en otras carpetas, y antes de que nos demos cuenta, estamos comprando otro archivero. La operación de archivado debería ser una calle de doble sentido: debería salir algo, además de entrar. Para ello tienes que limitar el papeleo por temas y ceñirte a lo que cabe en una carpeta, y cuando el tamaño de una carpeta aumente demasiado, revisar su contenido y tirar lo que ya no sirva. Sigue la regla del entra uno y sale uno para facilitar todavía más las cosas: cuando archives una nueva factura o extracto, tira los más antiguos (siempre y cuando no los necesites para algún trámite económico o legal).

Si no dispones de una mesa de trabajo específica, toda tu oficina podría ser un módulo. No todos tenemos la suerte de contar con una habitación o una sala extra para utilizarlo como oficina en casa. Algunas personas utilizan una mesa en un rincón de la sala, o un armario adaptado; otras llevan toda su «oficina» en un bolso de mano o un bote de plástico y utilizan cualquier superficie disponible como espacio flexible. En realidad, ¿no sería maravilloso reducir el material de oficina, los archivos y el equipo a un recipiente portátil? Así, cuando el sol brilla y los pajaritos cantan, podríamos ponernos a trabajar en el pórtico, en el patio trasero o en un parque. ¡Ah, el sueño minimalista!

Mantener

En la oficina es de enorme importancia mantener todas las superficies despejadas. Trata tu escritorio como un espacio flexible y ordénalo al final de cada sesión de trabajo (debes dejarlo como si otra persona fuera a utilizarlo al día siguiente; por supuesto, no será así, pero ¿no sería estupendo sentarse ante un espacio limpio y ordenado?). Mantén el material de oficina guardado en cajones o recipientes, en vez de tenerlo desperdigado por toda la mesa. Invierte en una bandeja para el papeleo y el correo que vaya llegando, y utiliza un tablón de anuncios para recordatorios, tarjetas, notas y otros papeles en lugar de permitir que invadan tu espacio de trabajo.

En los espacios de oficina ocurre algo sorprendente (y preocupante): todo lo que proporciona el más mínimo espacio horizontal empieza a acumular cosas. He visto pilas de papeles y material encima de estantes, archiveros, alféizares, impresoras, escáneres, sillas, lámparas, cajas y macetas. Por favor, no cedas al impulso de «empapelar» tu entorno: es caótico, desorganizado y hace casi imposible encontrar nada. Las superficies despejadas no solo resultan agradables a la vista, sino que, además, son beneficiosas para la mente. Podrás pensar con mayor claridad y trabajar de forma más productiva sin distracciones visuales.

Además, no debería tener que decirlo, pero lo diré de todos modos: el suelo no es un sistema de archivo. Ya sabes lo que pasa: cuando esas otras superficies están llenas hasta los topes, el exceso aterriza en esa gran superficie plana que tienes a tus pies. Los suelos de las oficinas son un terreno fértil: de ellos brotan pilas de libros, revistas y papeles que crecen hasta formar bosques. En general, recomiendo un poco de firmeza para despejar el almacenamiento adicional, pero si realmente te has quedado sin espacio, es mejor que compres otro archivero en lugar de tener que esquivar pilas de papeles para llegar hasta tu escritorio.

Las superficies despejadas no solo resultan agradables a la vista, sino que, además, son beneficiosas para la mente.

Podemos despejar y ordenar todo lo que queramos, pero una de las claves de una oficina minimalista es controlar lo que entra. En el resto de la casa, ese poder está completamente en nuestra mano y podemos cerrar la puerta de verdad a las cosas. El problema es que en esa puerta hay un buzón. Y por la ranura del buzón entra todo tipo de papeleo inútil, no deseado, casi todos los días. Vamos a centrar nuestros esfuerzos en poner fin a esa avalancha.

Puedes eliminar el grueso del correo basura diario congelando tu historial de crédito. Si lo haces, las empresas ya no podrán utilizar tus datos para enviarte ofertas. También puedes ejercer tu derecho a eliminar tus datos de las bases de datos para dejar de recibir correo. Asimismo, puedes revisar las políticas de privacidad de la documentación que acompaña a los extractos bancarios y de las tarjetas de crédito, llamar al número que proporcionan y comunicar que no quieres recibir publicidad suya o de sus asociados.

De ahora en adelante, guarda tu nombre y tu dirección como oro molido. No te apuntes a programas de lealtad ni solicites tarjetas descuento, y no des tus datos en caja. No participes en estudios, apuestas y regalos: casi siempre se trata de vías engañosas para que los publicistas consigan tus datos de contacto. No envíes registros de productos y garantías. Si te cambias de casa, no vayas a correos para comunicar tu nueva dirección, porque el correo basura te seguirá hasta allí. Ponte en contacto personalmente con los particulares y las empresas pertinentes para proporcionarles tus nuevos datos. En lugar de suscribirte a periódicos y revistas, léelas en línea. Y no pidas catálogos bajo ningún concepto; si te registras para solicitar uno, recibirás catálogos de treinta empresas distintas en cuestión de meses.

Todas estas estrategias eliminarán gran parte de tu correo no deseado. También puedes limitar el papeleo que te llega de las empresas con las que tienes algún trato y optar por la comunicación electrónica (por ejemplo, en el caso de las facturas de los servicios). Incluso puedes domiciliar tus pagos automáticamente para que se realicen desde tu cuenta bancaria. También puedes registrarte para recibir toda la documentación bancaria por internet. Te evitarás la publicidad y las ofertas que incluyen en los sobres, y reducirás la cantidad de papeleo que archivar.

Nuestras oficinas son espacios dinámicos en los que entran unas cosas, salen otras y circulan otras más todos los días. Por tanto, no podemos limitarnos a una limpieza a gran escala y dar la tarea por acabada. Mantener esa zona despejada y ordenada requiere una vigilancia constante.

Para conseguirlo tienes que ser un buen conserje: coloca un bote de reciclaje junto a la puerta de tu casa y evita que catálogos, circulares, menús de comida para llevar y otros tipos de correo basura lleguen a entrar siquiera en tu hogar. Y si el correo consigue llegar hasta tu oficina, abre cada sobre y haz lo que tengas que hacer inmediatamente en lugar de apilarlo en el escritorio. Destruye las solicitudes de tarjetas de crédito, los estados de cuenta bancarios y otros papeles innecesarios con información personal; escanea o archiva los documentos que tengas que guardar, y clasifica en sus correspondientes bandejas las facturas que tengas que pagar, las cartas que haya que responder y la información que necesites revisar. En un sistema ideal, cada papel debería pasar por tus manos una sola vez.

Cuando acabes el trabajo por ese día, devuelve todo el material a su sitio y los archivos, a sus carpetas. Si te resulta más eficiente tenerlos todos juntos, prepara un módulo de trabajo para un determinado proyecto (de ser posible, mételos en algún tipo de recipiente en lugar de dejarlos regados por la mesa). De ese modo podrás retomar el trabajo fácilmente donde lo dejaste sin necesitar de reunir todos los materiales, y no tendrás que ponerlos a un lado para utilizar el escritorio mientras tanto. Asimismo, estate al acecho de objetos refugiados procedentes de otros lugares de la casa. Devuelve las tareas de tus hijos, la novela de tu pareja o el juguete de tu mascota a sus respectivos propietarios antes de que se acomoden. Ya tienes bastante de qué preocuparte con tu propio desorden.

El mantenimiento diario conservará tu escritorio despejado y tus cosas bajo control. No obstante, tendrás que hacer limpieza de tus archivos de manera periódica. Por mucho que intentes seguir la regla del entra uno y sale uno, será muy probable que entre más de lo que sale. Revisa tus carpetas una vez al mes, o cada tres meses, y tira (es decir, destruye o recicla) lo que ya no te sirva. Además, realiza una purga a gran escala una vez al año y deshazte de lo viejo a fin de dejar paso a lo nuevo. Me gusta programar esta actividad a principios de enero para empezar el año con buen pie.

25

La cocina y el comedor

Si nos preguntaran cuál es la estancia más funcional de la casa, muchos de nosotros elegiríamos la cocina. Al fin y al cabo, en ella guardamos, preparamos, servimos y, en muchos casos, consumimos los alimentos que nos sustentan. Además, es un habitual punto de reunión familiar. Dado su importante papel en nuestras vidas, ¡no es de extrañar esté repleta de cosas! Sin embargo, el exceso puede mermar su funcionalidad y hacer que resulte incómodo trabajar en ella y compartir ese espacio. Por tanto, vamos a ver cómo podemos reducir la cantidad de objetos y conseguir un espacio lo más despejado y ordenado posible.

¿Alguna vez te has dado una vuelta por una tienda de cocinas (o has hojeado una revista de decoración) y has fantaseado con la idea de cambiar tu cocina por alguna de la exposición? ¿Observabas las superficies relucientes con envidia, imaginando lo maravilloso que sería cocinar en un espacio tan pulido y funcional?

En muchos casos, lo que nos atrae de las cocinas de exposición no son los aparatos de última generación, las cubiertas especiales o los muebles bonitos, ¡sino el espacio! Las cocinas de exposición siempre están limpias, despejadas, ordenadas, con nada más que algunos aparatos y algunas piezas de vajilla. Por eso resultan tan encantadoras y acogedoras. La buena noticia es que no tienes que gastarte una fortuna en reformas para conseguir ese ambiente.

Puedes lograr un cambio espectacular en tu cocina deshaciéndote de todo lo que no te sirve.

Para empezar, vacía todos los cajones, armarios y estantes. Como siempre, no cedas a la tentación de dejar algo en su sitio porque «sabes» que lo volverás a poner ahí. Sácalo todo hasta que el espacio quede completamente vacío; eso significa todos los platos, tazas, vasos, tenedores, cucharas, cuchillos, ollas, sartenes, aparatos, alimentos, papel de aluminio, moldes e, incluso, el contenido del cajón de los «triques». Recuerda que la idea no es elegir aquello de lo que te desharás, sino lo que vas a conservar. Cuando lo hayas sacado todo, lo examinarás con atención y devolverás a su lugar únicamente los mejores objetos, los más útiles e imprescindibles. Imagina que vas a equipar una cocina de ensueño, como las de las revistas, a partir de cero. ¿Por qué la tuya no puede ser igual de fabulosa?

En caso de que te quede alguna duda sobre este primer paso, el método te da una ventaja extra, la fantástica oportunidad de limpiar los anaqueles de la cocina. ¿Cuándo fue la última vez que los limpiaste a fondo? Con el paso del tiempo, las cocinas acumulan grasa y suciedad, y aunque se nos dé estupendamente bien mantener las superficies relucientes, tendemos a olvidarnos de los interiores de los anaqueles. Por tanto, mientras despejas y pones orden, aprovecha para limpiar también la suciedad (¡qué eficaces somos los minimalistas!). Déjalos impolutos y será como empezar de nuevo, ¡de verdad!

Despejar

Mientras limpias la cocina, lo más probable es que vayas encontrándote con muchas cosas destinadas a la categoría de Trique. Si hace tiempo que no haces una limpieza de la despensa, muchas de esas cosas serán comida. Comprueba las fechas de caducidad de todo lo que pase por tus manos y deshazte de todo lo que esté estropeado, caducado o pasado. Las especias, las salsas y los condimentos también tienen un período de conservación limitado, así que no los pases por alto durante la operación. Si aquella botellita de salsa de soya tiene más años que tu hijo pequeño, tírala y regálate una nueva cuando la necesites. Haz lo mismo con otros productos perecederos, sobre todo si no recuerdas cuánto tiempo llevan en tu cocina o la última vez que los utilizaste.

Hay más triques que podrían estar acechando en tu cocina: platos despostillados, vasos agrietados y cubiertos doblados o deformados (como aquel tenedor que se atoró en el triturador de residuos). Trata a tu comida con el respeto que merece y sírvela en (y con) piezas en buen estado. No guardes esos objetos maltrechos como repuestos de tus mejores piezas. Deshazte también de los aparatos rotos; si todavía no te has molestado en repararlos, resulta evidente que puedes vivir sin ellos.

Al grupo de Traspaso irá todo aquello que le resultará útil a otras personas, pero no a ti. Por algún motivo, tenemos tendencia a acumular muchos más utensilios de cocina de los que necesitamos o utilizamos a diario. Algunos entran en nuestras vidas como regalos de boda o de inauguración de una nueva casa; otros son compras compulsivas. Algunos parecían prácticos cuando los compramos, pero acabaron resultando demasiado complicados o lentos para nuestro estilo de vida. Por tanto, regala esa máquina para hacer pasta o la hielera a alguien que sepas que la apreciará. Sé sincero contigo mismo al seleccionar tus cosas; si no utilizas el procesador de alimentos porque es una lata limpiarlo, aprovecha la oportunidad y concédele la libertad.

No olvides que los alimentos también pueden ir a la caja de Traspaso. Nuestros gustos y nuestras necesidades alimentarias cambian con el tiempo, y la caducidad de algunos productos se prolonga en ocasiones mucho más que nuestro interés por ellos. Puede que nos cansemos de la sopa de tomate antes de acabar con las reservas, o que decidamos que preferimos consumir fruta fresca en lugar de la enlatada que acumulamos en la despensa. No te sientas culpable; ¡tómatelo como una maravillosa ocasión para realizar una buena obra! Dona todos los productos en conserva y envasados (sin abrir) a un banco de alimentos o a un comedor social. Los desechos de tu despensa pueden evitar que otras personas pasen hambre.

Es posible que te cueste deshacerte de algunas cosas ante la idea de que podrías necesitarlas algún día (y sabes casi con total seguridad que será justamente el día después de haberte librado de ellas). Si te ocurre eso, prepara una caja de Dudosos Provisionales y mete todo aquello que no utilizas habitualmente, pero que crees que podrías necesitar pronto (por ejemplo, la panera, los moldes para panquecitos y los complementos para decorar pasteles). Anota una fecha en la caja y regala todo lo que no hayas sacado después de un tiempo (pongamos seis meses o un año). Es una buena manera de enfrentarte a esas cosas por las que no acabas de decidirte; estarán disponibles si las necesitas, pero no ocuparán un valioso espacio en tus anaqueles y cajones. Mejor aún, verás cómo es la vida sin ellas, y es posible que decidas que no las echas de menos para nada.

Al grupo de Traspaso irá todo aquello que le resultará útil a otras personas, pero no a ti.

La cocina es un magnífico espacio para entablar una conversación con tus pertenencias. Algunos objetos llevan tanto tiempo acechando en la sombra que es posible que ya no los reconozcas. He aquí tu oportunidad de recuperar la relación y asegurarte de que sea beneficiosa para ambas partes.

«¿Quién eres y qué haces?» No tendríamos ni que preguntarlo, pero hay que admitir que a veces no tenemos ni idea. Hoy en día existe un utensilio de cocina para cada tarea que podamos imaginar, y el hecho de que aquel cortador de piñas o aquel cortador de masa te parecieran indispensables cuando los compraste no significa que puedas identificarlos unos años después. En ese caso, un poco de misterio no es bueno. Si no sabes para qué sirve algo, obviamente no es indispensable en tu cocina. Envíalo a otra casa; podría ser un buen regalo para un amigo que disfruta cocinando y que, seguramente, sabrá para qué sirve.

«¿Con qué frecuencia te utilizo?» ¡Ah, la pregunta del millón! Los artículos que respondan «diario» o «una vez por semana» pueden regresar a tus anaqueles. No obstante, el hecho de que utilices la perilla para el pavo una vez al año no significa que tengas que deshacerte de ella; saber para qué sirve te ayudará a decidir dónde debes guardarla. En el caso de los utensilios que utilizas menos de una vez al año, se impone cierta reflexión: ¿realmente merecen el espacio que ocupan?

«¿Me facilitas la vida (o me la complicas)?» Cierto, puedo cocer el arroz y hervir agua en ollas, pero mi arrocera y mi tetera me facilitan mucho la vida. Por tanto, se han ganado su puesto en mi cocina. Por otro lado, me deshice de mi máquina de capuchinos porque odiaba limpiarla y descubrí que me resultaba mucho más placentero salir por ahí a tomarme mi café cremoso. Si algo es complicado de armar, usar o limpiar (y el resultado no compensa el esfuerzo), piensa en la posibilidad de ponerlo de patitas en la calle.

«¿Tienes un gemelo?» Los utensilios de cocina son como el material de oficina: parecen reproducirse por voluntad propia. A menos que seas extremadamente hábil, no puedes utilizar más de un pelador o abrelatas a la vez. Además, si uno se estropea, no te costará nada reponerlo. Deshazte de los repetidos y libera espacio para cosas más útiles.

«¿Eres demasiado bueno para usarte?» ¡Seguro que tus cosas no se imaginaban esta pregunta! La porcelana que te regalaron en tu boda y la plata heredada de la familia pueden llegar a darse demasiada importancia y pensar que pueden quedarse por ahí sin hacer nada durante años y años. Y en muchos casos tienen razón, dado que las escondemos en el trinchador del comedor y rara vez llegan a ver la luz del día. Nos cuesta deshacernos de ellas por motivos sentimentales, y nos da miedo usarlas (no vayamos a romper o perder una pieza). He aquí una idea radical: en lugar de conservar todo el juego, quédate con uno o dos servicios y utilízalos como decoración o para tus cenas románticas a la luz de las velas.

Ojalá pudiera darte una lista definitiva de lo que debe contener una cocina minimalista. Por desgracia, un esfuerzo de ese calibre resultaría inútil, sobre todo porque cada uno tiene sus propias ideas acerca de lo que es necesario. No sería justo decir que no puedes ser minimalista si tienes un molde redondo enorme o una freidora. Dicho esto, creo que la mayoría de nosotros puede arreglárselas con menos «básicos» de cocina de los que se mencionan en los libros de recetas y en las revistas.

Mi marido y yo hemos descubierto que podemos preparar todas nuestras comidas con solo cuatro utensilios: un sartén grande, una cazuela, una olla para pasta y un refractario para horno. Nuestros pequeños electrodomésticos se limitan a un microondas, una tetera, una arrocera y una cafetera de émbolo (en vez de una máquina de café). En cuanto al resto de utensilios, tenemos un cuchillo de cocinero, un cuchillo de sierra, un cuchillo para pelar, un colador, una vaporera, una tabla de cortar, una taza medidora, una espátula, un cucharón, una batidora, un abrelatas, un sacacorchos, un rallador, un cuenco de acero inoxidable y una jarra de agua con filtro. Habrá quien piense que nuestra lista es insuficiente; otros la encontrarán excesiva. Para nosotros es más que suficiente.

Elige utensilios polivalentes frente a los de uso específico.

Tú decides qué es «suficiente» para ti (y restringes tu equipo de cocina en consecuencia). Para ello, elige utensilios polivalentes frente a los de uso específico. A menos que los utilices con frecuencia, artículos como deshuesadores de cerezas, cucharitas para sacar bolas de melón, planchas para preparar *waffles*, pinzas para mariscos, descorazonadores de fresas y creperas casi nunca justifican el espacio que ocupan en nuestras cocinas. Opta en su lugar por utensilios sencillos capaces de desempeñar varias funciones. Tampoco es obligatorio que tengas una colección completa de sartenes y ollas; basta con una o dos de tamaños estándar.

Asimismo, intenta no acumular enseres en tamaños y formas especiales (como hueveras y bandejas para sushi). Opta por platos versátiles, que te sirvan para todo. En lugar de guardar una vajilla «buena» y otra «de diario», quédate con un solo juego para todas las ocasiones. Reduce también la cristalería. A no ser que tengas un restaurante, no necesitas un recipiente distinto para cada líquido: copas de vino, copas de champán, vasos de whisky, jarras de cerveza, copas de martini, vasos de agua y vasos para zumos. Yo tengo un juego de vasos normales que me sirven para todas las bebidas (excepto el café y el té) y, para ser sincera, los prefiero a las copas especiales para vino y champán.

Mientras despejas y ordenas tu cocina, recuerda que en algunas culturas se prepara casi todo con los utensilios más sencillos. Es nuestra creatividad en la cocina (no los enseres que guardamos en los anaqueles) la que da lugar a platillos deliciosos y nutritivos. La buena comida no tiene nada que ver con unos platos bonitos y unos utensilios exquisitos, sino con las manos y el corazón. Como te diría cualquier monje budista, basta con un simple cuenco para disfrutar de la comida.

Contener

Para que todo esté organizado del modo más eficiente posible, determina dónde realizas ciertas tareas (preparar, cocinar, servir, comer, lavar y eliminar residuos) y guarda lo necesario donde corresponda. Por ejemplo, guarda los cuchillos al lado de la superficie donde picas alimentos, las ollas cerca de la estufa y el jabón para lavar los platos debajo del fregadero. Limita las tareas diversas, como la gestión de las facturas, a un lugar determinado; se trata de evitar que los bolígrafos y los papeles se acumulen en la cubierta o acaben en el cajón de las especias.

Reserva un lugar específico para cada cosa: los platos apilados; las tazas y los vasos en su sitio, alineados como si se tratara de un coro. Tenedores, cuchillos, cucharas, ollas, sartenes y demás utensilios deben tener sus lugares asignados. Si te sirve de ayuda, pega etiquetas pequeñas («olla para pasta», «cazo», «moldes para cereales») para recordar (tanto tú como tu familia) dónde va exactamente cada cosa.

Distribúyelo todo entre tu Círculo Íntimo, tu Círculo Externo y el Almacenamiento Profundo. En el primero deben ir los platos, las cazuelas, los sartenes, los utensilios, los vasos, las tazas, los electrodomésticos y los alimentos que utilizas de manera habitual. Concédeles a todos ellos los lugares de más fácil acceso; no deberías tener que subirte a una escalera para llegar a tu taza de café, ni cruzar toda la estancia para buscar el pelador. En el Círculo Externo (anaqueles altos, cajones bajos y rincones profundos) guarda aquello que utilizas menos de una vez por semana, pero más de una vez al año. Los posibles candidatos son moldes pasteleros, ollas de cocción lenta, escurridoras de ensalada, *waffleras* y refractarios para horno.

Al Almacenamiento Profundo irán los utensilios que utilizas una vez al año o menos (normalmente por Navidad), como jamoneros, fuentes de cristal, salseras, recipientes para suflés, bandejas de postre con varios pisos, fuentes para servir y mantelería especial. Guárdalo todo en los rincones más altos, más bajos y más escondidos de la cocina o el comedor. No obstante, el hecho de disponer de espacio para guardar esas cosas no significa que tengas que hacerlo. Si no las necesitas (o puedes pedirlas prestadas), no dudes en deshacerte de ellas.

Los módulos resultan especialmente prácticos en la cocina, donde son habituales los utensilios repetidos y las cantidades excesivas de ingredientes. Revelan hasta qué punto hemos acumulado determinadas cosas (casi siempre sin darnos cuenta) con el tiempo. Nos llevan a plantearnos preguntas como las siguientes: «¿Por qué tenemos dieciocho vasos si somos cuatro?», «¿Utilizaremos alguna vez veinte pares de palillos chinos?», «¿Por qué necesito dos termómetros para carne, tres sacacorchos o cuatro botecitos de canela?». Descartar los repetidos resulta sencillo y rápido, porque no tenemos que dar vueltas para tomar una decisión ni preocuparnos por tener que prescindir de algo (al fin y al cabo, nos queda otro). Ganamos espacio en anaqueles y cajones, con lo que nos resulta infinitamente más fácil encontrar lo que necesitamos cuando cocinamos.

Al crear módulos, muchos de nosotros descubrimos que tenemos mucho más enseres de los que necesitamos. ¿Por qué? Porque cuando compramos algo nuevo, casi nunca tiramos lo viejo. En muchos casos, los utensilios siguen siendo útiles (los sustituimos únicamente por las ganas de estrenar, no por necesidad), así que acaban almacenados en los recovecos de los anaqueles «por si» algún día los necesitamos. Otra posibilidad es que los recién llegados sean herencias o regalos, y nos sintamos obligados a proporcionarles un hogar. Plantéate restringir la cantidad de platos, tazas, cuencos, vasos y utensilios en función de tu núcleo familiar; si solo son cuatro, ¿por qué abarrotar tus anaqueles con dieciséis servicios? Quédate con las últimas piezas que hayan llegado a tu casa, con las mejores o las más bonitas, y deshazte de las viejas para dejar paso a las nuevas.

Ya, claro… «Y ¿qué pasa con los invitados?», te estarás preguntando. Sin duda, ten en cuenta tu vida social cuando selecciones tus pertenencias. Calcula el número máximo de personas que recibes habitualmente, y guarda los enseres necesarios para servir al grupo. Si organizas fiestas con mucha gente, pero en contadas ocasiones, puedes pedir prestado lo que necesites. ¿Todavía no estás listo para renunciar a parte de tus enseres? Limita lo que guardas en tus anaqueles a lo que necesitas a diario, y guarda el resto en el Almacenamiento Profundo hasta que lo tengas que usar.

Cuando adquieras alguna pieza nueva, regala la vieja.

Limita los electrodomésticos y demás aparatos a los que utilizas habitualmente. Cuando adquieras alguna pieza nueva, regala la vieja. No abarrotes tus anaqueles con tostadoras, batidoras y cafeteras de tiempos pasados; una pareja joven o un estudiante universitario las recibirían de muy buen grado. Y controla a los omnipresentes recipientes de plástico: pueden ser útiles, pero se acumulan casi sin darnos cuenta. Elige unos cuantos para guardar y recicla el resto.

Por desgracia, ninguna cocina estaría completa sin el famoso cajón de los «triques», ese en el que guardamos las bolsitas de *cátsup*, los folletos de comida para llevar, las pilas, las velas de cumpleaños, los cierres de alambre, las agujas de coser, las tijeras, los utensilios de plástico y otras cosas sueltas que son demasiado pequeñas, escasas o inclasificables como para guardarlas en otro lugar. ¿Qué podemos hacer con ese revoltijo? Repasa todo lo que contiene el cajón y agrupa aquello que pueda formar parte de un módulo «multiusos» (el mismo cajón, pero con un nombre nuevo y mejor). Guarda las cosas similares en bolsas herméticas o coloca un organizador de cajones para clasificarlas. Si todo está a mano, lo puedes identificar fácilmente y es útil de verdad, así que no será necesario clasificar el contenido de ese cajón como «triques».

Por último, hablemos de recetas y recetarios; parece que en casa entran muchos más de los que salen. Se acumulan de forma gradual y rara vez los sustituimos; simplemente, los vamos añadiendo a nuestra colección. Antes de que nos demos cuenta, tenemos más recetas que días tiene el año para prepararlas. En lugar de archivarlas todas, no dejes de renovar tu colección. Cuando encuentres un recetario mejor dedicado a un determinado tipo de cocina, o una receta mejor de un determinado plato, deshazte de lo viejo. Piensa que tu colección es dinámica, no estática; permite que evolucione para adaptarse a tus gustos y a tu dieta, que irán cambiando con el tiempo.

Mantener

La cocina es un hervidero de actividad, y como tal, requiere no solo un mantenimiento diario, sino ¡a todas horas!

La situación puede descontrolarse por momentos si no la dominamos. Cazuelas, sartenes y platos sucios se apilan en el fregadero; comida, aparatos y envolturas, en la cubierta; facturas, tareas y periódicos, en la mesa; juguetes, mochilas y bolsas del super, en el suelo; sobras, en el refrigerador… En general, cuantos más miembros tiene la familia, más cosas acaban acumulándose en la cocina. Al final, el desorden puede llegar a ser tan agobiante que casi te resulta imposible preparar la comida (y disfrutar de ella). Si no dispones de espacio para lavar, picar, cortar y pelar, será más probable que acabes metiendo algo congelado en el microondas o que pidas comida para llevar.

No permitas que el desorden te impida disfrutar de una cena saludable preparada en casa; ¡mantén despejadas las superficies de la cocina! Esos espacios deberían contener únicamente aquello que utilizas a diario (o ni siquiera eso). Plantéate la posibilidad de instalar estantes o barras para las especias, los cuchillos y otros utensilios, y cestas colgantes para frutas y verduras. Montar los electrodomésticos debajo de los muebles altos (microondas, hornos eléctricos y máquinas de café, por ejemplo) también libera un valioso espacio. Para conseguir una cocina atractiva y funcional, rechaza las baratijas cursis y los tarros para galletas, y opta por piezas elegantes y discretas. Te aseguro que con solo despejar las cubiertas ganarás en motivación e inspiración para llevar a cabo un poco de magia culinaria.

Además, haz borrón y cuenta nueva después de cada comida. Cuando cocines, guarda todo el equipo y los ingredientes en cuanto acabes. Después de comer, despeja la mesa y las cubiertas de los restos de comida y utensilios que hayan quedado. Lava los platos o métalos en el lavavajillas inmediatamente después de utilizarlos. Es mejor invertir unos minutos en recoger después de cada comida que enfrentarse a la tarea antes de preparar la siguiente; una pila de platos sucios puede dar rápidamente al traste con tu deseo de cocinar. De hecho, intenta aplicar siempre esta norma: nunca dejes platos en el fregadero (como mínimo, nunca te vayas a dormir dejando platos en el fregadero). Es maravilloso empezar de cero cada día, pero todavía mejor es disfrutar de cada una de las comidas del día.

La cocina es un hervidero de actividad, y como tal, requiere no solo un mantenimiento diario, sino ¡a todas horas!

La cocina se ha considerado siempre el centro de la casa, un espacio en el que las familias se reúnen y comparten tiempo de calidad, pero precisamente por tratarse de una estancia tan concurrida, las cubiertas actúan como imanes para la acumulación y el desorden. Asegúrate de que todo el que deje un juguete, un libro, un periódico o el correo se lo lleve cuando salga de la cocina (¡o adviértele de que podría encontrárselo en tu próximo guisado!). No pierdas de vista el suelo; cuando llevas ollas pesadas y líquidos calientes de un sitio a otro, las cosas tiradas por el suelo pueden provocar una tragedia.

Por último, la cocina es un espacio fantástico para llevar a cabo una sesión de limpieza de un día. En esta estancia siempre hay algo que puede salir, ya sea el periódico de ayer o las sobras de la semana pasada. Acostúmbrate a repasar el refrigerador, el congelador y la despensa por si hay productos caducados (o que ya no te apetecen) y deshazte de ellos de inmediato. Comprométete a eliminar al menos una cosa cada día: comida echada a perder, una taza de más, un utensilio huérfano, un plato sin pareja o un aparato que casi nunca utilizas. Solo el cajón de los triques podría darte para un año eliminando un objeto al día. Piénsalo, ¡tus anaqueles ganarán espacio día tras día!

26

El baño

¿**P**reparado para algo fácil? Vamos a poner en práctica las estrategias minimalistas que hemos aprendido y a embellecer nuestros cuartos de baño. Suelen ser la estancia más pequeña de la casa, con el volumen de almacenamiento más reducido. En comparación con la sala, la oficina y la cocina, ¡el método STREAMLINE se aplica en un suspiro! Con un poco de esfuerzo y unos cuantos hábitos sencillos podrás crear un espacio que te ayudará a relajarte mientras te cepillas los dientes.

En las demás estancias que hemos despejado, en muchos casos hemos tenido que dividir la tarea en partes más pequeñas. Pero en este caso, el tamaño del cuarto de baño hace que la tarea resulte mucho más asequible; probablemente podremos llevarla a cabo en una sola sesión. La superficie en el suelo y el espacio en cubiertas y anaqueles son muy inferiores a los de las demás estancias y desempeñan menos funciones. No obstante, la falta de espacio implica que debemos pensar muy bien cómo organizamos y utilizamos el baño. No se trata de decidir cuántas cosas podemos meter en el cuarto de baño, sino de lo poco que en realidad necesitamos en ese espacio. Nuestro objetivo es crear un ambiente sobrio, como de balneario.

En primer lugar, cierra los ojos e imagina tu baño minimalista ideal. Visualiza la cubierta despejada y limpia, sin botes de spray ni tubos de rímel a la vista. Observa el magnífico suelo vacío, sin toallas apiladas en un rincón ni productos amontonados debajo del lavabo. Echa un vistazo a las superficies relucientes y a los productos de limpieza, cuidadosamente elegidos, de la ducha. Abre los cajones y el botiquín, y admira el orden de los productos de cuidado personal. No hay ni una sola cosa fuera de lugar, ni artículos luchando por hacerse un espacio. Posa tu mirada en esa vela o en la orquídea solitaria que adorna la cubierta. Ah... podrías pasarte todo el día en ese espacio tranquilo y relajado.

Bien, volvamos a la realidad. Mejor aún, ¡hagámoslo realidad! Empieza, como en el resto de las estancias, vaciando por completo cajones, estantes y anaqueles. Quita todo de las cubiertas. No te olvides de la ducha o la bañera: saca también el jabón, el champú, la crema de afeitar y las navajas. Llévatelo todo fuera del lavabo; déjalo en el suelo de tu dormitorio o en la mesa del comedor, por ejemplo, para revisarlo. Despejar resulta mucho más eficaz cuando sacas las cosas de sus lugares habituales y las analizas fuera de contexto. Decidirás qué cosas necesitas realmente y las irás devolviendo a su sitio, una a una.

Despejar

Cuando clasifiques tus cosas en Trique, Tesoro y Traspaso, repasa cada acción de tu rutina diaria. Imagina que te estás lavando los dientes y pon el cepillo, la pasta y el hilo dental en el grupo de los tesoros. Imagina que te estás lavando la cara y añade el producto limpiador que utilices y la toalla. Repite el proceso con el afeitado, el maquillaje, el peinado y el resto de los cuidados que lleves a cabo, y envía los productos correspondientes al grupo de los tesoros. Este ejercicio revela exactamente qué productos utilizas cada día y, por tanto, qué debe estar en tu cuarto de baño. Además, revela qué *no* utilizas y te impulsa a cuestionarte por qué lo conservas.

Algunas cosas pertenecen al grupo de los triques simplemente porque llevan mucho tiempo ahí. Los cosméticos que no utilizas habitualmente, por ejemplo, podrían caducar antes de que los acabes. Aunque no todos los productos de belleza tengan fecha de caducidad, sí tienen una vida útil limitada. Los fluidos y las cremas (sobre todo los contornos de ojos) tienen una duración de entre tres y seis meses, mientras que las bases en polvo, los correctores, los coloretes y los pintalabios suelen durar un año. El motivo de su degradación es que la humedad desarrolla bacterias. Si los tienes en el lavabo durante mucho tiempo, podrías sufrir irritaciones e infecciones cutáneas cuando los utilices.

Procede con la misma diligencia con los medicamentos. La mayoría de los fármacos (con o sin receta) tienen la fecha de caducidad en la etiqueta o el envase. Consulta con tu médico o farmacéutico si tienes dudas. Cuando llegue el momento de desechar medicamentos, hazlo de manera responsable. No los tires a la basura (donde podrían estar al alcance de niños o animales) ni por el retrete (contaminarán el agua); llévalos a una farmacia para que los eliminen como es debido.

El mejor motivo para guardar algo en tu cuarto de baño es «porque lo utilizas». Por el contrario, el mejor motivo para sacar algo de tu cuarto de baño es «porque no lo utilizas». Cuando clasifiques tus cosas, pon a un lado todo lo que no hayas tocado en los últimos seis meses. A menos que tengas una razón muy buena (por ejemplo, médica) para conservar algo, deshazte de ello y libera espacio en el anaquel. Si se trata de un producto perecedero, podría estar llegando al final de su vida útil.

Una excepción a esta regla es la de los productos de emergencia. En esta categoría, los «podría necesitarlo» y los «por si acaso» son más que bienvenidos. Dispón de un kit de primeros auxilios bien surtido con vendas, gasas, tela adhesiva, pomada antibiótica, alcohol, termómetro, para la fiebre, analgésicos, antihistamínicos, antidiarreicos, antiácidos, etcétera. No importa que lleves seis meses o seis años sin utilizar esas cosas; tenlas a mano porque nunca sabes cuándo las necesitarás (por supuesto, comprueba las fechas de caducidad de vez en cuando y sustituye los productos caducados).

El siguiente mejor motivo para conservar un artículo es «porque te queda bien». Sabes a qué me refiero: el champú que doma tu encrespado, la crema que atenúa tus arrugas o la sombra que realza el azul de tus ojos. Por otro lado, el siguiente mejor motivo para deshacerte de algo es «porque no te queda bien» (por ejemplo, aquella hidratante tan cara que te provocó una irritación). Que hayas pagado un «buen dinero» por algo no significa que tengas que conservarlo (ni obligarte a utilizarlo).

Por último, vamos a considerar otro motivo no tan bueno para tener acceso a tu cuarto de baño, «porque salió gratis». En esta categoría se incluyen las muestras que recibes por correo, las que consigues en tiendas y las botellitas de gel y champú que te llevas de los hoteles. Sé que son monísimas, pero si no las usas, no son más que triques monísimos. No les des cabida en tu baño a menos que tengas la intención real de utilizarlos.

El mejor motivo para guardar algo en tu cuarto de baño es «porque lo utilizas».

Para crear un cuarto de baño verdaderamente minimalista conviene reducir las rutinas de belleza y limpieza. Los productos específicos pueden complicar las cosas y restarnos tiempo; de repente nos vemos envueltos en un programa de limpieza de cinco pasos, utilizando tres cremas antiedad distintas o aplicándonos mascarillas de barro varias veces por semana. Nos rizamos el pelo, nos lo alisamos, nos ponemos *mousse* o gel, nos lo desenredamos, nos lo estrujamos o nos ponemos spray para mantener el peinado. Ocultamos los defectos de nuestra piel, realzamos los pómulos y alargamos las pestañas. ¡Uf! ¡Prepararse por la mañana es un trabajo más!

Analiza de cerca tu rutina y piensa qué te puedes ahorrar. Estoy segura de que tendrías el mismo aspecto estupendo haciendo la mitad de lo que haces ahora. Si has reducido tu rutina de limpieza de la piel a jabón y agua, podrías deshacerte de las limpiadoras y los tónicos. Si has decidido envejecer con dignidad, podrías prescindir de las cremas antiarrugas. Si reduces al mínimo tu maquillaje y llevas un corte de pelo sin complicaciones, podrías deshacerte de un montón de productos. La belleza no está en un bote, sino en nuestro interior. En lugar de acumular productos milagrosos, opta por soluciones naturales como el ejercicio, una dieta sana, mucha agua y suficientes horas de sueño.

Para restringir aún más, elige productos multiusos. Entre los más prácticos figuran los champús con acondicionador, los bálsamos labiales con color, los geles para cuerpo y cabello, y las cremas con protector solar. Algunos artículos del hogar también nos sirven como eficaces productos de belleza. El bicarbonato, por ejemplo, sirve para exfoliar, lavarse los dientes y las manos, realizar baños de pies y cuidar el cabello. El aceite de oliva sirve como hidratante facial, desmaquillador, acondicionador para el pelo, tratamiento para las cutículas y bálsamo labial. La vaselina suaviza las manos, los pies, los codos y las rodillas, y puede sustituir al rímel. Los productos versátiles nos ayudarán a despejar un anaquel lleno de lociones y cosméticos varios.

Pasemos ahora a las toallas, esas cosas que se multiplican sin que nos demos cuenta. ¿Por qué? Porque cuando compramos toallas nuevas, rara vez tiramos las viejas. Son tan prácticas que nos vemos incapaces de hacerlo. Las nuevas se vuelven protagonistas del toallero y las viejas se guardan como refuerzo. Y los armarios se llenan cada vez más con cada año que pasa. Repasa tu cuarto de baño, el armario o el lugar dondequiera que guardes las toallas, y haz inventario. ¿Cuántas tienes? ¿Cuántas personas viven en casa? Si existe una gran diferencia entre esas dos cifras, tienes que deshacerte de algunas.

Decide cuántas toallas necesita cada miembro de la familia. Si eres un minimalista extremo, tu número mágico podría ser una; no obstante, creo que la mayoría de las personas se sienten más cómodas con dos. Con una segunda toalla tienes una sustituta para cuando laves la otra, y un extra por si vienen invitados. Además, limita tus toallas a un tamaño versátil: las de baño sirven para casi todo y te permiten prescindir de las toallas pequeñas. Cuantas menos tengas que guardar, lavar y controlar, mejor.

Por último, dado que el cuarto de baño es un espacio pequeño y funcional, evita la tentación de llenarlo de trebejos. Exceptuando una vela o un pequeño florero con flores, mantén la decoración al mínimo, ya que se mojará, se ensuciará y se interpondrá en tu rutina de belleza. No deberías tener que preocuparte por romper algo mientras te secas el pelo. En cuanto al material de lectura, llévatelo al lavabo y sácalo cuando salgas: ¡el cuarto de baño no es una biblioteca!

Contener

El espacio en el cuarto de baño puede ser escaso, igual que el almacenamiento. Por tanto, cada objeto debería tener un lugar asignado y permanecer en él, como las tropas alineadas para la batalla, y no como si se hubiese celebrado una fiesta en casa.

Para crear un baño realmente minimalista, trata de limitar los artículos de cuidado personal a uno de cada tipo.

Clasifica tus pertenencias en tu Círculo Íntimo, tu Círculo Externo y el Almacenamiento Profundo. En tu Círculo Íntimo deben estar casi todos los artículos que tengas en el cuarto de baño, es decir, lo que utilizas todos los días (entre otros, cepillos de dientes, pasta de dientes, hilo dental, limpiador facial, hidratante, protector solar, maquillaje, cepillo, peine, maquinilla de afeitar, crema de afeitar, hisopos, discos de algodón, toallita para la cara y las toallas que estés utilizando). Por supuesto, deben estar a tu alcance para poder seguir una rutina de cuidado personal eficaz. Tu Círculo Externo debe contener los productos que no utilizas tanto, como las tenazas, la máquina cortapelo para la nariz, el botiquín, los pasadores, así como las toallas y los artículos de tocador complementarios. Utiliza el Almacenamiento Profundo si compras algún producto en grandes cantidades (como el gel de ducha o el papel higiénico) y te falta espacio en el lavabo.

Mientras clasificas tus cosas, agrupa los productos similares en módulos. Observa con atención qué hay en cada grupo. Es muy posible que descubras varios repetidos; deshazte de peines, pinzas y cortaúñas de sobra. También es posible que te des cuenta de que has acumulado dieciocho colores de barnices o seis lociones con diferentes aromas. Cuando veas todos esos productos juntos, ¡te parecerá un exceso! Pregúntate cuántos necesitas realmente y quédate con tus favoritos.

Una vez seleccionados tus productos de baño, utiliza recipientes para agruparlos. Guarda los cosméticos en un neceser y los accesorios para el pelo (ligas y pasadores) en una bolsa. Haz lo mismo con medicamentos, cremas, productos para las uñas y demás complementos de belleza. Cuando están sueltos en un cajón, cuesta evitar que se multipliquen; además, el desorden proporciona un estupendo escondite a otras cosas acumuladas. Cuando se guardan en recipientes separados, resulta más fácil encontrarlos y tenerlos controlados. Incluso puedes dar un toque sofisticado a tus módulos para que sean decorativos: los discos, los hisopos y las sales de baño se ven muy bien en tarros de cristal y le darán un toque elegante, como de balneario, a tu lavabo.

Asigna un cajón o estante a cada miembro de la familia que comparta el cuarto de baño; de ese modo, todo el mundo tendrá su módulo personal y evitarás que los productos de tu familia se conviertan en un revoltijo caótico. Esta estrategia otorga a cada persona un espacio definido para sus cosas, y nada más. Si los productos para el cabello del adolescente de la casa o los champús de tu pareja se salen de los límites de su espacio asignado, tendrán que guardar en otra parte lo que sobra. Si hay poco espacio de almacenamiento, considera esta alternativa: guarda en el lavabo únicamente los productos de uso común, y en neceseres los artículos personales (cada uno se lo llevará al baño cuando lo necesite y lo sacará de allí cuando salga). Este concepto, tomado de las residencias universitarias, reduce la acumulación y convierte la estancia en un espacio flexible.

Cuando apliques límites en el cuarto de baño, el número mágico es el uno. Para crear un baño realmente minimalista, trata de limitar los artículos de cuidado personal a uno de cada tipo: un champú, un acondicionador, una crema limpiadora, un tónico, una crema, un perfume, una loción para después del afeitado, una loción corporal, una pasta de dientes, un labial, una sombra de ojos, un rímel, un rubor, un barniz, etcétera. Tener uno de cada uno implica menos acumulación en los anaqueles y menos cosas en qué pensar por la mañana. Tener uno de cada uno implica un menor impacto en el medio ambiente, tanto en lo que respecta a la fabricación como a la eliminación. Tener uno de cada uno implica aceptar el concepto de «suficiente».

Para conseguirlo, acábate cada producto antes de comprar uno nuevo. Sé que es más fácil decirlo que hacerlo; cuando nos enteramos de que existe esa crema de noche «perfecta» o ese rímel «imprescindible», nos falta tiempo para salir a comprar. Intenta resistirte a esas compras compulsivas, sobre todo si ya tienes productos similares en casa (o, como mínimo, deshazte de los productos viejos, a medio terminar y no tan milagrosos cuando lleves a casa un sustituto). No sientas la obligación de aferrarte a los restos con la idea de que algún día te los acabarás; lo más probable es que se estropeen antes de que lo hagas. Del mismo modo, cuando empieces un producto, no dejes por ahí las pastas de dientes y los acondicionadores prácticamente vacíos; es poco probable que desarrolles la fuerza sobrehumana necesaria para extraer las últimas moléculas que quedan. Vigila también tus cosméticos. Si llevas a casa un nuevo labial de la colección de otoño o una nueva sombra de la de primavera, despídete de los tonos de la temporada pasada. Una nueva selección es más divertida que una provisión de productos obsoletos.

Mantener

Mantener un cuarto de baño organizado es muy fácil. De hecho, es una estancia fabulosa para pulir tus poderes minimalistas y desarrollar las habilidades y la confianza necesarias para abordar el resto de la casa.

Tu tarea será mucho más sencilla si eres un buen conserje. No bajes la guardia con respecto a los objetos descarriados, sobre todo si compartes el baño con otros miembros de la casa. Cada vez que salgas del lavabo, llévate todo lo que no pertenezca a ese espacio: el vasito del pequeño de la casa, los tenis del adolescente de turno, el ejemplar de la revista *Ideas* de tu pareja o el libro que estuviste leyendo mientras te bañabas. Asegúrate de que nadie utilice el suelo como cesto de la ropa sucia improvisado o como almacenamiento temporal; en ese caso, organiza una recogida inmediata de las cosas que están fuera de lugar.

De ser posible, mantén despejadas todas las superficies del lavabo cuando no las utilices. Sé que es tentador dejar el cepillo

---

Las superficies despejadas no solo resultan más atractivas, sino que son más higiénicas.

---

de dientes o el desodorante en la cubierta (al fin y al cabo, los utilizas todos los días), pero a los triques les gusta socializar. Si los dejas a la vista, antes de que te des cuenta, se les habrá añadido un peine, luego una máquina de afeitar empezará a pulular por ahí, y después un labial, una loción y un perfume podrían sumarse a la fiesta. Multiplica todo eso por varios miembros de la familia y tus cubiertas acabarán abarrotadas en un abrir y cerrar de ojos. Al final resulta más fácil mantenerlo todo guardado.

Por esos mismos motivos, en el suelo del baño no debería haber absolutamente nada: ni toallas, ni ropa sucia ni productos extra. Agrupa la ropa sucia en un cesto y guarda los productos de repuesto en anaqueles, cestas o botes apilables (o en otra parte de la casa). Utiliza ganchos y barras para colgar toallas y batas. Los bordes de la bañera o la ducha también deberían estar despejados; instala un estante o algún otro complemento en lugar de dejar el jabón, el champú y la crema de afeitar por todo el perímetro de la ducha o la bañera.

Las superficies despejadas no solo resultan más atractivas, sino que son más higiénicas. El cuarto de baño es un entorno cálido, húmedo y cerrado. La suciedad, el moho y los gérmenes se acumulan con facilidad en esas condiciones, y se adherirán a cualquier objeto que encuentren; cuantos menos anfitriones les proporciones, mejor. Las cubiertas resultan mucho más fáciles de limpiar cuando no tienes que preocuparte de mover (o tropezar con) toda una colección de productos de limpieza.

Como mínimo, limpia las superficies por la noche, antes de irte a la cama. Pon todos los productos, accesorios y demás en el lugar que les corresponde, cuelga todas las toallas y repasa las cubiertas con un trapo. Convierte esta operación en una rutina antes de acostarte y dispondrás de un maravilloso lavabo minimalista todas las mañanas.

27

Los espacios de almacenamiento

Ahora que ya hemos despejado y ordenado los espacios habitables, pasaremos a los espacios de almacenamiento, como el ático, el sótano y el garaje, si los tienes. En muchos casos es ahí donde acaba el revoltijo caótico de objetos del resto de la casa, todo aquello con lo que no sabemos qué hacer. No obstante, el hecho de que no estén a la vista no significa que no nos acordemos de ellos.

Los espacios de almacenamiento parecen la solución a nuestros problemas: ¡qué ordenadas serían nuestras vidas si tuviéramos un sótano, un ático o un garaje de dos plazas para almacenar todas nuestras cosas! Sin embargo, esa «solución» casi siempre se vuelve en nuestra contra, ya que los objetos no dejan de aumentar y acaban ocupando todo el espacio disponible, y cuando nos damos cuenta, tenemos que enfrentarnos a una enorme acumulación.

Mi marido y yo vivimos un tiempo bastante cómodos en un estudio, sin más espacio de almacenamiento que un pequeño clóset. Después nos mudamos a una casa con tres habitaciones, ático, sótano y garaje. Y ¿sabes qué ocurrió? ¡Que nuestras posesiones aumentaron de manera exponencial! Durante los años que vivimos en el departamento, cada vez que nos cansábamos de un mueble o de algún material para practicar algún deporte o *hobby*, teníamos que deshacernos de él, ya que, simplemente, no disponíamos de espacio para guardarlo. Cuando nos mudamos a la casa, aquellos objetos acabaron en el sótano, «por si» pudiésemos necesitarlos algún día. Pues bien, esos «por si» se fueron acumulando hasta crear un nuevo problema. Sinceramente, creo que es más fácil vivir de manera minimalista cuando careces de espacio de almacenamiento.

Para evitar la acumulación de cosas, mantén los espacios de almacenamiento tan despejados y ordenados como los habitables. Que dispongas de un garaje enorme no significa que tengas que llenarlo de cosas hasta el último centímetro. Es mejor que guardes ahí el coche en vez de almacenar un montón de triques que no utilizas. Es más, esas zonas pueden servir de espacio flexible adicional; son ideales para desarrollar aficiones en las que puedes manchar y mancharte e, incluso, pueden convertirse en salas familiares o dormitorios. No permitas que los triques inútiles te impidan aprovechar todo el potencial de ese espacio.

Para abordar los espacios de almacenamiento tienes dos opciones: ir poco a poco o hacerlo todo de golpe. Si te sientes con ganas de afrontar un reto difícil, ¡hazlo a lo GRANDE! Dedica todo un fin de semana a poner orden. Para ello, saca todo el contenido del sótano, el ático o el garaje, y déjalo en el patio o en la entrada. Resulta fácil pasar por alto las cosas cuando están escondidas en rincones oscuros; sácalas a la luz y revísalas. En ocasiones, el simple hecho de sacar un artículo de casa nos ayuda a superar el impulso de conservarlo. De pronto nos parece ridículo aferrarnos a aquellos zapatos de futbol viejos o a la bicicleta averiada que no utilizamos desde hace años.

Para conseguir los mejores resultados, implica a toda la familia y convierte la tarea en una fiesta. Pon música, sirve algo de picoteo y bebidas, y crea un ambiente de diversión para que parezca un juego y no tanto una tarea pesada. Un poco de competencia sana también ayuda: asigna a cada miembro de la familia la tarea de hacer una purga de sus propias cosas, y declara campeón del orden al que tenga menos cosas al final de la sesión. Un incentivo más: hagan planes sobre el uso que le darán al «nuevo» espacio; tu hijo adolescente abordará el proyecto con mucho más entusiasmo si el resultado es un cine en casa o un espacio para ensayar con su banda.

Como alternativa, si una limpieza general parece demasiado, abórdala caja por caja. Una tarea de esa magnitud resulta menos intimidante si se realiza poco a poco. Para avanzar, planifica; por ejemplo, revisa una caja por día o por semana. Sácala de la zona de almacenamiento y llévala a otro espacio de la casa para examinar su contenido. Cuando sacamos las cosas de su contexto habitual, resulta menos probable que las pongamos ahí de nuevo. El hecho de avanzar poco a poco te permite estudiar bien cada pieza y te brinda el tiempo necesario para digitalizar fotos, documentos u otros recuerdos antes de deshacerte de ellos.

Para evitar la acumulación de cosas, mantén los espacios de almacenamiento tan despejados y ordenados como los habitables.

Y, sobre todo, si tienes alquilada alguna bodega, ¡deshazte de ella! Es como alquilar una segunda casa para todo lo que te sobra, cosas que ni siquiera te gustan lo suficiente como para convivir con ellas. Trata de responder a las siguientes preguntas: ¿Puedes enumerar de memoria los artículos almacenados en tu bodega? En caso negativo, ¿de verdad necesitas cosas que ni siquiera sabes que tienes? ¿Cuándo fue la última vez que las utilizaste? ¿Vale la pena pagar dinero para guardar cosas que nunca utilizas? Si no quieres tenerlas en casa, ¿por qué tenerlas? Es posible que descubras que, en esa situación, el mejor modo de volver a empezar consiste en entregar las llaves de la bodega.

Despejar

Cuando clasifiques tus cosas en las categorías de Trique, Tesoro y Traspaso, no te compliques y sigue esta norma: si hace más de un año que no utilizas algo, fuera. Ese tiempo es suficiente para conservar los adornos navideños, los artículos de temporada como juguetes para la piscina y palas para la nieve, y el equipo deportivo que se utilice ocasionalmente, como los bates de beisbol y los patines sobre hielo. Por esa misma razón, si no has ido a esquiar, no has utilizado el equipo para acampar o no has sacado los adornos de Halloween que utilizaste el año pasado (o hace más de un año), ha llegado el momento de que te preguntes por qué sigues guardándolos.

Probablemente, aquí encontrarás abundante material para tu pila de Triques, ya que estos espacios suelen funcionar como almacenes de objetos rotos. Piensa en qué probabilidades hay de que arregles aquella televisión o aquella podadora vieja si ya las sustituiste por unas nuevas (te doy una pista: ¡no muchas!). De igual modo, pregúntate si aquella silla con el asiento roto o aquella mesa con una pata rota volverán a entrar en tu comedor algún día. Si tuvieras la verdadera intención de arreglar esas piezas, ya lo habrías hecho. Libérate de la tarea deshaciéndote de ellas; te quitarás un peso (mental) de encima y tendrás tiempo para dedicarte a otras actividades (más placenteras).

El montón catalogado como Traspaso también aumentará rápidamente, ya que los espacios de almacenamiento acaban acogiendo los materiales relacionados con proyectos abandonados y aficiones que solían gustarnos. A menudo nos sentimos culpables por haber dejado esas actividades, sobre todo si hemos pagado por los materiales o por cursos relacionados. Después lo guardamos todo, jurándonos que «lo retomaremos» algún día. Recuerda que no tienes ninguna obligación de continuar con algo que te interesaba, pero ya no. Regala la vieja mesa que nunca acabaste de restaurar; dale a tu vecino la caña de pescar que no tocas desde hace años, o vende la máquina de coser que nunca aprendiste a usar. Concédete permiso para avanzar: ¡es muy liberador! Cuando dejes de sentir el peso de todas esas cosas, tendrás la energía y el entusiasmo necesarios para emprender nuevas pasiones.

Lo mismo aplica para el mobiliario. Cuando redecoramos la casa, casi siempre acabamos con piezas que ya no «encajan», pero en lugar de liberarlas, las acumulamos en el garaje o el sótano. Si nadie utiliza esos muebles para sentarse, comer, trabajar o dormir, ¿de qué sirve guardarlos? Los artículos de bebé en particular suelen ser de los que se guardan indefinidamente, pero el único motivo para guardar cunas, periqueras y juegos es la expectativa real de tener más hijos. No guardes ese moisés durante quince años porque te recuerda la época más tierna de tu adolescente; no tiene el poder de regresar el tiempo. Pásale todos esos artículos a alguien que los necesite; deja que sirvan de ayuda a una familia joven y en apuros, en lugar de acumular polvo en tu sótano.

Cuando decoramos con elementos naturales, conseguimos un ambiente «fresco» en toda la extensión de la palabra, y lo que es mejor, no tenemos que almacenar nada.

Además, no conviertas tu ático (o tu sótano o garaje) en un museo del pasado. Repasa con ojo crítico los anuarios, los trofeos de natación, los suéteres universitarios, las túnicas de graduación y demás recuerdos. A menos que estés pensando seriamente en volver a ponerte el uniforme de *rugby* o de porrista (y bravo por ti si puedes), líbrate de todo eso. Haz lo mismo con los recuerdos de familia: si no son lo suficientemente especiales como para tenerlos en casa, pregúntate si son lo bastante especiales como para guardarlos (donde sea).

Por último, cuando elijas tus tesoros, recuerda lo siguiente: por muy maravillosos que sean tus espacios de almacenamiento, en general no están tan limpios ni su clima está tan controlado como en el resto de la casa. El polvo, la suciedad, la humedad, los insectos y otras criaturas pueden dañar tus pertenencias con el tiempo. Es posible que si un día necesitas un objeto, al ir a buscarlo ya no esté en buenas condiciones y tengas que comprar uno nuevo de todos modos (¡después de guardarlo tantos años!). Muchos vestidos de novia (guardados con la intención de que se utilicen en la siguiente generación) acaban estropeados por almacenarlos así. Asegúrate de que tus tesoros puedan sobrevivir en ese entorno. De lo contrario, llévalos a algún espacio habitable de tu casa para protegerlos o dáselos a alguien para que los utilice en ese momento en lugar de dejar que se deterioren.

Aunque no estén a la vista, los objetos que guardamos en áticos, sótanos y garajes siempre están ahí, acumulados sobre nuestras cabezas o bajo nuestros pies, o presionándonos por uno u otro lado. La simple idea de estar rodeados de triques puede resultar psicológicamente agobiante. Por tanto, restringe el contenido de esos espacios en la medida de lo posible: guarda únicamente lo que utilices con cierta asiduidad (o lo que vayas a utilizar en un futuro próximo). No llenes esos espacios de «por si acaso»; ¡la vida resulta mucho más estimulante cuando se vive con menos!

En primer lugar, replantéate los adornos de temporada. ¿Por qué dedicar espacio a una decoración artificial cuando los tesoros de la naturaleza resultan mucho más elegantes? En Navidad, decora con plantas de temporada, piñas y ramitas de acebo, y prescinde de las esferas comerciales. Adorna tu casa con bellotas y hojas en otoño, y con flores frescas y secas en primavera. Utiliza piedras, ramas y frutas (en lugar de baratijas fabricadas en masa) para dotar de textura y color a tus estancias. Cuando decoramos con elementos naturales, conseguimos un ambiente «fresco» en toda la extensión de la palabra, y lo que es mejor, no tenemos que almacenar nada.

En segundo lugar, practica deportes y aficiones que exijan poco equipamiento. Puedes jugar futbol y tenis con un equipo mucho menor que el necesario para el *hockey* y el *rugby*; puedes practicar yoga, karate y baile con un equipo mínimo. Puedes pasear o correr al aire libre en lugar de comprarte una caminadora, y centrarte en los ejercicios de calistenia en vez de usar máquinas. Adopta un enfoque similar para tus aficiones: si bien es cierto que la carpintería, la cerámica o la orfebrería son actividades maravillosas, requieren numerosas herramientas y materiales. Aprender un idioma, escribir poesía o dibujar pueden aportarte satisfacciones similares sin tanta parafernalia.

Por último, pide cosas prestadas. Si vas a patinar sobre hielo muy de vez en cuando, alquila los patines en lugar de tenerlos guardados en casa; si solo limpias a presión las paredes de tu casa una vez al año, alquila el equipo en un centro de bricolaje; si necesitas una pistola de clavos en contadísimas ocasiones, pídesela prestada a un vecino. Además, si apenas utilizas el coche, véndelo y apúntate a un programa para compartir vehículo, así reducirás gastos y tendrás más espacio en el garaje.

Contener

En esas zonas de almacenamiento (como en otras partes de la casa) es fundamental que todo tenga su propio lugar (y se quede en él). Los montones caóticos de objetos pueden devorar esos espacios en menos que canta un gallo. Resiste la tentación de abandonar algo en un rincón o de meterlo a la fuerza en el primer estante que encuentres; si lo haces, acabarás con un enorme desorden que atraerá aún más desorden.

A lo mejor piensas que todo lo que hay en esos espacios debería pertenecer al Almacenamiento Profundo, pero no es así. Nuestros sótanos y garajes contienen objetos que utilizamos de manera regular y, por tanto, tenemos que organizar ese espacio de modo que lo que más utilicemos esté a nuestro alcance. En el Círculo Íntimo, guarda todo aquello que usas con frecuencia (aparatos de limpieza, equipo de jardinería y herramientas de bricolaje y para el coche) en los estantes y ganchos más accesibles. Piensa que tu Círculo Íntimo es un espacio «activo» que alberga todos los materiales necesarios (e incluso la zona de trabajo) para llevar a cabo tareas habituales.

Tu Círculo Externo es principalmente un espacio de almacenamiento para aquellos objetos que utilizas una vez al año, o duran-

En esas zonas de almacenamiento
(como en otras partes de la casa)
es fundamental que todo tenga
su propio lugar (y se quede en él).

te una parte del año. En esta sección guarda los adornos navideños, los suministros de emergencia perecederos y el equipo de mantenimiento y deportivo de fuera de temporada (por ejemplo, los calentadores y los esquís en verano, o los ventiladores y el equipo para acampar en invierno). Por último, el Almacenamiento Profundo es para todo aquello que no te interesa lo más mínimo, pero que estás obligado a guardar por el motivo que sea. Esta categoría no debería contener demasiadas cosas; de hecho, los suministros de emergencia no perecederos y los documentos económicos o legales son prácticamente lo único que se me ocurre. Lo más importante es que no utilices el Almacenamiento Profundo para esconder cosas (por ejemplo, reliquias de familia) a las que no quieres enfrentarte.

Dado que esas zonas de almacenamiento albergan una gran variedad de objetos (de hieleras a kayaks, rastrillos y patines), los módulos ofrecen la mejor solución para tenerlos organizados. Agrupa los elementos similares, de los más grandes a los más pequeños. Además de juntar palas y rastrillos, clasifica tuercas, tornillos y clavos por tipo y tamaño (para el organizador nato, ¡esta operación es todo un sueño!). En lugar de etiquetar un montón de cajas con la palabra «bricolaje», separa el contenido en módulos de fontanería, electricidad, carpintería, pintura y exterior. Clasifica también los adornos en función de la ocasión o la temporada; de ese modo no tendrás que rebuscar entre las esferas de Navidad para encontrar los gorros de cumpleaños. Organiza los equipos deportivos por actividad o participante; guarda el equipo de invierno (botas, gorros y guantes) en un módulo separado del de verano (chanclas y toallas de playa). Aprovecha esta sesión para deshacerte de los repetidos o de los excesos.

Cada vez que entre algo, tiene que salir algo... y ¡no hacia el garaje!

A continuación, prepara recipientes adecuados para objetos pequeños y medianos; si los dejas sueltos, es muy posible que se pierdan y se metan en líos. Los botes y las cajas transparentes son ideales, ya que te permiten distinguir el contenido de un vistazo. Etiqueta o clasifica por colores los recipientes opacos (por ejemplo, verde para las herramientas de jardín o rojo para los suministros de emergencia); así no tendrás que rebuscar entre montones de cajas para localizar lo que necesitas. Mejor aún, da un paso más y redacta un inventario del contenido de cada recipiente, imprime las listas y pégalas en la parte delantera de las cajas. Con este sistema encontrarás cualquier objeto rápidamente y evitarás que haya objetos fuera de sitio.

Dado que los espacios de almacenamiento no están a la vista, resulta tentador abarrotarlos hasta los topes, pero eso no es muy minimalista, ¿verdad? No escatimes en límites para mantener las cosas bajo control. En primer lugar, piensa en restringir el contenido a lo que cabe en una estantería o en un espacio de almacenamiento vertical. Al eliminar el suelo de la ecuación, te desharás de montones de triques acumulados y liberarás el espacio para otras actividades (estacionar tu coche, practicar una afición o ensayar con una banda, por ejemplo). Además, limita tus posesiones por categoría; ten una o dos cajas de equipo deportivo, adornos de temporada o herramientas. Y si «tienes» que guardar recuerdos y objetos con valor sentimental, restríngelos a una sola caja.

Si no tenemos cuidado, nuestros espacios de almacenamiento pueden convertirse en agujeros negros: entran cosas, pero nunca sale ninguna. Los áticos y los sótanos pasan a ser museos de tecnología caduca, residencias para herramientas viejas y monumentos a aficiones pasadas. Acaba con su fuerza de gravedad practicando la regla del entra uno y sale uno: deshazte de los aparatos electrónicos cuando los sustituyas y deja ese deporte o esa afición (y el equipo necesario) cuando empieces otro nuevo. Cada vez que entre algo, tiene que salir algo... y ¡no hacia el garaje!

Mantener

En tu ático, sótano o garaje, mantén completamente despejado todo el espacio funcional (como bancos de trabajo o mesas). Las tareas realizadas en esas zonas son peligrosas en algunos casos; por tanto, mantener las superficies despejadas es una medida de seguridad fundamental. En otras palabras, no querrás que tus pelotas de tenis anden por ahí rodando mientras trabajas con una motosierra o manipulas productos químicos peligrosos. Además, cuando te dispones a abordar un proyecto, resulta desalentador tener que despejar la zona de trabajo antes de empezar. Para mantener limpia la superficie de trabajo, instala un tablero de clavijas en la pared; así todas tus herramientas, tornillos, clavos y demás piezas estarán fuera de la superficie, pero a mano.

Intenta mantener el suelo igual de despejado. Estos espacios pueden ser incómodos y oscuros, y existe el riesgo de tropezar si hay cosas por el suelo. Cuando estás intentando mover una escalera grande o trabajando con sosa o ácido clorhídrico, es un mal momento para descubrir que la carretilla de juguete de tu hijo no está en su sitio. Aprovecha al máximo el espacio vertical, con estantes y ganchos montados en las paredes. Cuelga las herramientas de jardinería, como rastrillos y palas; el equipo deportivo (esquís y patines, por ejemplo), y bolsas de malla con objetos más pequeños, como pelotas de futbol, cascos y otros accesorios. Instala armazones altos para colgar las bicicletas y otros objetos grandes. Lo ideal sería que pudieras recorrer el espacio sin tropezar ni tener que esquivar nada.

Para mantener ordenados los espacios de almacenamiento, tienes que ser un buen conserje, ya que una vez que se asientan los objetos acumulados, se requiere un serio esfuerzo para eliminarlos. Analiza cada objeto destinado al ático, el sótano o el garaje *antes* de que llegue allí; si vas a sacar algo de los espacios habitables, lo más seguro es que puedas sacarlo de casa. No utilices esos espacios para evitar enfrentarte a la realidad o tomar decisiones difíciles. Si te descubres subiendo los escalones hacia el ático con la colección de cajas de música de tu tía, párate y piensa en alguna alternativa para esos objetos. Dárselos a tu cuñada o donarlos a una tienda de segunda mano podrían ser soluciones mejores que guardarlos en un rincón.

Para mantener ordenados los espacios de almacenamiento, tienes que ser un buen conserje.

Además, plantéate la posibilidad de decir adiós a un objeto al día; estas zonas ofrecen numerosas oportunidades para deshacernos del exceso de cosas que tenemos en casa. Y lo mejor es que resulta fácil hacerlo, porque como los objetos viven fuera de tus principales espacios habitables, en cierta manera ya te has separado de ellos. No los ves ni los utilizas a diario, y ya sabes muy bien cómo vivir sin ellos. Piénsalo de este modo: si fueras a mudarte a la otra punta del país, ¿te molestarías en llevártelos contigo? Si no son tan especiales (o útiles) como para envolverlos, empaquetarlos y transportarlos, es muy posible que puedas deshacerte de ellos. Al final del año tendrás 365 cosas menos que guardar; ¡es un estupendo incentivo!

Como mínimo, organiza una gran sesión de limpieza una vez al año; prográmala para un fin de semana festivo para que reine un ambiente jovial. Saca al patio (o a donde puedas) todo el contenido del ático, el sótano o el garaje, y trata de quedarte con menos de la mitad de las cosas. Deshazte de herramientas que no utilizas, materiales para aficiones que ya no practicas, equipo deportivo que ya no les quede y cualquier cosa que haya podido colarse en los doce meses anteriores. Para fomentar la motivación, ponlo a la venta en internet e invierte lo que saques en algo divertido (una salida en familia o un abono para la piscina, por ejemplo). Conviértelo en una tradición; así todos estarán esperando el «nuevo comienzo» anual.

28

Regalos, recuerdos de familia
y objetos con valor sentimental

En el transcurso de tus sesiones de limpieza te habrás encontrado con determinados objetos que te dan qué pensar. No son útiles ni bonitos, pero te ves incapaz de deshacerte de ellos. Irónicamente, es posible que ni siquiera estén contigo por decisión propia. ¿De qué hablo? De regalos, recuerdos de familia y objetos con valor sentimental.

Regalos

Se supone que los regalos son algo bueno, ¿verdad? Se supone que los entregamos con alegría, los recibimos con alegría y los apreciamos hasta el fin de nuestros días. A lo largo de la historia, los regalos se han cargado de un potente simbolismo: se utilizan para transmitir respeto, ganarnos el favor de alguien, expresar amor, agradecer la hospitalidad, sellar amistades, pedir perdón, etcétera. La palabra clave aquí es «simbólico». El regalo en sí mismo no es más que una muestra de un sentimiento, una intención o una relación (que permanece aun sin ese objeto). Es decir, el vínculo que representa esa taza con la leyenda «mejor amigo» tiene poco que ver con la taza en sí misma.

Por desgracia, el acto de regalar en nuestros días se ha visto superado por la publicidad agresiva. En cada festividad importante nos bombardean con anuncios que nos instan a comprar esto, aquello y lo de más allá para nuestros seres queridos. Nos prometen que reinará la felicidad si regalamos a nuestra mujer la joya adecuada, a nuestro marido el aparato adecuado, a nuestro amigo o nuestra amiga la bufanda adecuada, y a nuestros hijos los juguetes adecuados; además, nos recuerdan la decepción que sufrirán si no reciben esos regalos. En consecuencia, el acto de regalar en nuestros días responde fundamentalmente a la obligación, las expectativas y la culpabilidad.

Gracias a esa publicidad, no hay Navidad, nacimiento, fiesta de inauguración, boda o aniversario que se celebre sin regalos; las pruebas llenan nuestros cajones y armarios. Multiplica esas ocasiones por el número de tus amigos, parientes y colegas, y entenderás lo rápido que se acumulan las cosas. Cuando nos convertimos en minimalistas, nuestro reto es doble: deshacernos de los regalos no deseados que ya tenemos y evitar que nos hagan nuevos regalos.

Propón pasar tiempo juntos en lugar de comprar regalos.

El lado positivo de todos esos regalos que pululan por casa es que la mayoría de quienes los hacen olvidan rápidamente qué te regalaron. ¿Recuerdas qué le regalaste a tu jefe de Navidad, o a tu pareja por su cumpleaños, hace dos años? En caso afirmativo, ¿has vuelto a ver ese regalo y te importa qué haya sido de él? Para la mayoría de la gente, el acto de regalar es lo que importa, y rara vez se acuerdan del objeto en sí después de haberlo entregado. Así, cuando invites a tu cuñada a cenar, probablemente no repasará todos los estantes en busca del candelabro que te regaló el año pasado. Es el pensamiento, no el objeto, lo que cuenta.

Por tanto, guarda únicamente lo que te guste de verdad y libérate de lo que no (¡piensa que estás repartiendo por el mundo la generosidad de la persona que te hizo el regalo!). En el futuro, pon los regalos que no quieras directamente en la caja destinada a las donaciones; resulta más fácil separarse de ellos si no llegan a instalarse. Es posible que pasen varios meses hasta que lleves la caja a una organización benéfica; si la persona que te hizo alguno de los regalos que contiene dicha caja te visita en ese tiempo, saca el objeto en cuestión y exhíbelo para la ocasión. Los regalos recibidos de personas que están lejos plantean muchas menos complicaciones: expresa tu agradecimiento con una nota sincera y una foto del regalo en uso. Hazte un autorretrato luciendo aquella bufanda que tejió a mano tu prima o el bolso que te regaló tu tía. Mándasela a la persona interesada, envía el regalo a la caja de donaciones, y todos contentos.

Otra opción es vender el regalo y utilizar el dinero para comprar algo nuevo. De ese modo tendrás un símbolo del sentimiento de la persona que te hizo el regalo, pero en un objeto más funcional o bonito. También puedes regalar el regalo. En ese caso, solo tienes que seguir unas normas muy sencillas: asegúrate de que sea adecuado para la persona que lo va a recibir y de que es algo que tú le habrías comprado; elige a alguien que no pertenezca al círculo social (y, de ser posible, a la zona geográfica) de la persona que te hizo el regalo, y regala únicamente aquellos objetos que no hayas estrenado.

Mejor aún, evita esas situaciones de entrada excluyéndote de los intercambios de regalos. Lo sé, lo sé, ¡es más fácil decirlo que hacerlo! Seguramente, no supondrá ningún problema en la oficina o entre conocidos, pero con los amigos y la familia es otra historia. Cambiar las tradiciones puede verse como un desafío; es preciso abordarlo con diplomacia y elegancia. Para incrementar las posibilidades de éxito, añade un toque positivo: propón pasar tiempo juntos en lugar de comprar regalos, o expresa tu deseo de conservar los recursos del planeta. Si la política de cero regalos no prospera, sugiere un intercambio tipo amigo secreto: al menos recibirás únicamente un regalo y no cinco, diez o veinte.

En cuanto a los que insisten en seguir regalando, expresa tu preferencia por el tema gastronómico. Explica lo maravilloso que sería un regalo en forma de queso, pasta o café para sibaritas, o menciona tu parte golosa y alaba los productos horneados y los chocolates artesanales. Deja claro que te encantan las sales de baño especiales, las velas artesanales o las lociones corporales con aromas. Recuerda a los demás tu buena mano para la jardinería y pide plantas, flores o semillas para tu jardín. También puedes sugerir que te regalen experiencias en lugar de objetos: clases de música, entradas para el teatro o un abono para un museo. Otra idea es que propongas intercambiar «servicios», como cuidar niños, retirar la nieve, lavar el coche o ayudar con la computadora. Intercambien «cupones» para tareas específicas que podrán canjearse cuando se necesite. Todavía más sencillo: coman o tomen café juntos para celebrar la festividad en cuestión.

Y aún mejor, propón donaciones a organizaciones benéficas en lugar de regalos. El dinero que se gastarían en comprarse aparatos, triques y baratijas unos a otros puede hacer mucho bien a los menos afortunados. En lugar de salir de compras, reúnete una tarde con tus seres queridos y dedíquense a buscar organizaciones benéficas (los niños también deben participar). La experiencia será mucho más satisfactoria que una tarde en un centro comercial abarrotado de gente. La filantropía compartida con amigos y familiares los une todavía más por una causa común. Sus encuentros serán más ricos y significativos, y no acumularás objetos que desearás devolver, regalar o tirar.

Recuerdos de familia

En el proceso de reorganización, los recuerdos de familia representan un terreno resbaladizo. En muchos casos, nunca se nos habría pasado por la cabeza comprar esos objetos, y mucho menos comprometernos a custodiarlos durante el resto de nuestras vidas. Sin embargo, de repente nos vemos quitando el polvo a figuritas de porcelana, preguntándonos dónde vamos a colgar ese cuadro de unos perros jugando al póker o intentando incorporar un diván antiguo a nuestra sala. En muy pocos casos nos aferramos a esos objetos porque sean útiles o bonitos, sino que los guardamos por un sentimiento de culpa, por sentimentalismo y por la responsabilidad de conservar nuestra «herencia» familiar.

Normalmente, los recuerdos de familia entran en nuestras vidas tras la muerte de algún ser querido, y ese hecho por sí solo es capaz de paralizar nuestra operación de limpieza. Sentimos que esos objetos son lo único que nos queda de aquella persona especial, y que si nos deshacemos de ellos, perderemos esa conexión final. Se trata de un proceso emotivo y difícil, así que concédete el tiempo necesario para el duelo antes de intentarlo. Si es posible, guarda los recuerdos de familia en cajas o en algún otro tipo de almacenaje hasta que estés listo para tomar decisiones; si logran instalarse en tu casa, te resultará todavía más difícil deshacerte de ellos.

Lo más importante que hay que recordar es que las cosas no son personas. Esos objetos no eran más que cosas que poseyeron en su momento, como las tuyas. ¿Crees que te reencarnarás en tus platos o que tu mesita auxiliar simboliza tu ser? ¡Por supuesto que no! Del mismo modo, tu ser querido no es el objeto que hay en la repisa de tu chimenea, y no debería equipararse a ningún objeto. ¿Realmente piensas que tu abuela querría que le «quitaras el polvo» una vez por semana? (o, lo que es peor, ¿que la apilaras en un ático abarrotado?). En lugar de almacenar recuerdos, honra a la persona que has perdido compartiendo historias y fotografías con amigos y familiares. Tus recuerdos son infinitamente más preciosos que cualquier «cosa» que hayan dejado atrás.

No tenemos la obligación de guardar lo que heredamos, y sí de encontrarle el mejor uso posible. Recibimos el encargo de conducir esos objetos heredados a un nuevo hogar, pero no tiene por qué ser el nuestro. De hecho, otro pariente podría estar encantado de recibir ese pedacito de historia familiar. No permitas que las discusiones por las herencias te lleven a guardar cosas que no quieres; en otras palabras, no acapares las fuentes de plata solo para que no se los quede tu prima. Pásaselos amablemente a quienes quieran tenerlos y deja que sean ellos los responsables de su conservación.

Si tus recuerdos de familia son valiosos o poseen cierta importancia histórica, préstaselos (o dónaselos) a un museo o una sociedad histórica. Las instituciones de este tipo agradecerán el hecho de poder exhibir el uniforme de la primera guerra mundial de tu abuelo o la colección de paisajes de tu tío. Se trata de una maravillosa manera de compartir el legado de un ser querido y de traspasar la conservación y la responsabilidad de esos objetos preciados a manos más capaces. Aunque tus objetos carezcan de valor, intenta encontrarles un lugar donde sean valorados. Por ejemplo, ofrece el reloj de tu abuelo o el viejo fonógrafo que heredaste a una residencia de ancianos. Regala la colección de muñecas de tu tía a una niña que sepas que la apreciará, o las cajas con sus libros a la biblioteca local. Busca el modo de que esas herencias aporten felicidad a otros en lugar de dejarlas acumulando polvo en el ático.

También puedes vender los objetos y dar un buen uso al dinero que consigas. Probablemente, al tío Juan le encantaría que sus recuerdos deportivos pagaran el campamento de verano de su sobrino favorito, y la tía Rosa se emocionaría al ver que su ponchera de cristal sirve para financiar tus nuevos anaqueles de cocina. Su intención no era cargarte con antigüedades polvorientas, sino hacer algo especial por ti; por tanto, mucho mejor si transformas su generosidad en algo que apreciarás de verdad. Otra idea es donar lo que saques a la causa o la organización benéfica favorita de la persona fallecida. No se me ocurre otra manera mejor de honrar la memoria de alguien.

Si una herencia tiene valor económico, apréciala, regálala, dónala o véndela, pero no te aferres a ella porque «podría» valer algo. Es posible que fantaseemos con la colección de sellos o la pintura al óleo que heredamos, con que nos pagarán nuestra jubilación, pero lo más habitual es que se trate de una excusa fácil para guardar el objeto y evitar enfrentarnos a él. En lugar de poner excusas económicas para guardar más y más cosas, averigua qué tiene auténtico valor. Investiga en internet; busca objetos similares en tiendas y casas de subastas para determinar el valor de mercado. Además, te enterarás de si tu pieza es común y corriente, o si se trata de algo excepcional. En este último caso, déjate asesorar por un profesional o ponte en contacto con una casa de subastas para que tasen el objeto. No obstante, no desesperes si descubres que la plata «buena» de la abuela apenas tiene valor; ya no tendrás que llevártela en cada nueva mudanza pensando que un día podría pagar la universidad de tu hijo. Si la guardas, será porque quieres, no por la esperanza de un dinero caído del cielo en un futuro.

Sea cual sea el valor, el sentimental por sí solo puede dificultar el hecho de separarse de algunos objetos. Piensa en la posibilidad de «miniaturizarlos». Solo porque heredaras una gran colección de cerámica no significa que tengas que conservar todas las piezas. Elige una especial (o dos) y exhíbela con orgullo. Si la herencia consiste en un solo objeto, conserva únicamente una parte: corta unos cuadrados de aquella colcha vieja, o conserva las jaladeras de aquella cómoda antigua. Seguirás teniendo algo que te recuerda a su propietario, solo que será más pequeño, más manejable y más fácil de guardar. También puedes digitalizar algunas herencias con valor sentimental. Escanea postales antiguas, cartas, documentos y grabados, y haz fotos digitales de los objetos voluminosos. Una foto de la máquina de coser antigua de tu tía inspirará los mismos recuerdos que el objeto... pero sin ocupar espacio.

Por último, es posible que estés pensando en legar algunas de tus posesiones. Aunque suene duro, recuerda esto: existen muchas probabilidades de que tus hijos no las quieran. No tendrán ni la menor idea de qué hacer con tus piezas de arte folk, y tu vitrina modernista no encajará con su decoración. Si tienes objetos de valor que te gustaría legar, analiza su posible interés; seguramente, tus hijos preferirán ayudarte a venderlos ahora que enfrentarse a qué hacer con esos objetos más tarde. Convierte las sesiones de limpieza en parte de tu planificación patrimonial; reduce tus posesiones mientras todavía estás aquí y no pases la acumulación a la siguiente generación.

Objetos con valor sentimental

Por desgracia, las herencias no son los únicos objetos con valor sentimental que nos dan quebraderos de cabeza; en el transcurso de nuestras vidas, acumulamos muchas cosas propias con valor sentimental. Eventos, fechas destacadas y ritos de paso parecen ir acompañados de sus propios «accesorios», y no resulta nada fácil separarse de esos objetos conmemorativos.

Empezamos acumulando ese tipo de objetos al nacer, mucho antes de que tengamos voz y voto. Probablemente, tus padres guardaron tu primera cuchara o tu primer vasito, y es posible que tengan tu primer par de zapatos en una escultura de bronce. También podrían haber guardado tus boletas escolares, tus trofeos de natación, los dibujos que hacías en clase, tus uniformes e insignias. A medida que cumplimos años, tomamos el relevo: guardamos recuerdos de la preparatoria y de la facultad, entradas de teatro, baratijas de nuestros viajes, postales, tarjetas de felicitación, cartas y mucho más. Entonces nos casamos, tenemos hijos y empezamos a guardar *sus* cosas... (¡madre mía!).

Los recuerdos y las emociones ligados a esos objetos hacen que nos cueste mucho deshacernos de ellos. Nos parece que separarnos de ellos es como separarnos de nosotros mismos. Pero ¡todos sabemos que no es así! Deshacerte de tu vieja camiseta de futbol no te restará méritos como deportista; tirar los regalos de boda no anulará tu matrimonio y quitar de en medio los recuerdos de bebé no te convertirá en mal padre o mala madre. Los hechos y las experiencias de nuestras vidas no se encarnan en esos objetos. Las cosas son temporales (se pueden romper, estropear o perder), pero los recuerdos duran para siempre.

Con esto en mente, vamos a repasar algunos objetos con valor sentimental que nos confunden cuando nos disponemos a ordenar.

Objetos de boda

Tu boda es uno de los momentos más significativos y memorables de tu vida. No obstante, puede parecer que te casaste no solo con tu pareja, sino también con un montón de objetos. Es posible que tengas la sensación de haber asumido un compromiso de por vida con un vestido, una cola, un tocado, un velo, unos zapatos, un liguero, recuerdos, invitaciones, flores, lazos, adornos de pastel, cubiertos, platos, centros de mesa, libros de invitados, álbumes de fotos, marcos, tarjetas, velas, decoraciones y demás recuerdos que entraron en tu vida aquel día. Pero recuerda esto: prometiste «amar y respetar» a tu pareja, no a cajas llenas de objetos relacionados con la boda.

Las cosas son temporales (se pueden romper, estropear o perder), pero los recuerdos duran para siempre.

Fija límites para enfrentarte a esos objetos. Elije unos cuantos para guardarlos o reduce la colección a un solo recipiente. Te aseguro que no te quitará el sueño, y tu matrimonio no se resentirá ni un ápice. El vestido, por otro lado, es un problema. Los vestidos de novia son delicados, voluminosos y difíciles de guardar; sin embargo, no se nos pasa por la cabeza deshacernos de ellos. Piénsalo: ¿Por qué guardar algo que nunca volverás a ponerte? Probablemente, está más que bien documentado en fotos o vídeos, y cuando compartas recuerdos de tu boda, lo más probable es que saques las fotos, no el vestido.

¿Lo guardas para tu hija? Es una idea enternecedora, pero lo más probable es que no lo utilice (¿llevaste tú el vestido de tu madre?). Elegir el vestido es un rito de paso de una novia; la idea de tener que llevar uno guardado en el ático desde hace treinta años resulta bastante triste. Además, las condiciones de almacenamiento pueden dañar una prenda tan delicada. Mientras todavía se encuentra en buen estado, véndelo, dónalo, «miniaturízalo», conviértelo en un vestido de fiesta o utiliza la tela para un monedero o para un cojín nupcial (podría ser el «algo usado» para la boda de tu hija).

Las cosas de los niños

Te encuentras despejando y ordenando como un profesional hasta que das con los dibujos de la guardería de tu hijo; te derrites, y tu determinación se evapora. Aunque el instinto paternal nos lleve a guardar todo lo que crean nuestros hijos, a ellos les sirve mucho más tener un entorno espacioso en vez de montones de trabajos de la escuela de hace años. Aun así, ¿eres capaz de separarte de las pruebas de su genialidad?

¡Límites al rescate! En lugar de guardarlo todo, selecciona las piezas más especiales y únicas. Si el «bebé» ya no vive en casa, las decisiones son tuyas; pero si todavía comparten el techo, pídele ayuda, ya que de ese modo verás a qué le tiene más cariño. Al final de cada curso escolar, ayuda a tus hijos a elegir sus proyectos y dibujos favoritos para su caja de recuerdos. Si quieres, puedes digitalizar los que no seleccione y pasar los originales a sus abuelos u otros parientes.

Si estás despejando tu nido vacío, ofrece esos objetos a tus hijos adultos. Si se los llevan, ¡perfecto! Pueden decidir qué hacer con ellos. Si los rechazan, sé realista: si ellos no dan importancia a esas cosas, tú tampoco tienes por qué guardarlas. Tu éxito como padre o madre se demuestra en los hombres y las mujeres que son hoy, no en los deberes de matemáticas de tercero de primaria. En lugar de rememorar el pasado, forma parte de sus vidas en el presente y celebra sus logros actuales.

Objetos hechos a mano

Las aficiones son maravillosas válvulas de escape de nuestra creatividad; sin embargo, en ocasiones, nuestras obras de «arte» resultan una molestia si llegan a acumularse. Cuando aprendemos algo nuevo, descubrimos que la práctica hace al maestro y producimos todo tipo de dibujos, pinturas, bufandas, calcetines, tazones, vidrieras, origamis, tarjetas, velas, bisutería, etcétera, para dominar la técnica que corresponda. El problema llega cuando somos incapaces de separarnos de esas cosas por la sencilla razón de que las hemos hecho con nuestras manos. Seamos realistas: la mayor parte de los frutos de nuestros esfuerzos no son obras de arte y no es necesario conservarlos. Guarda únicamente tus favoritos. En cuanto al resto, regálalos o recicla los materiales para desarrollar nuevos proyectos.

Por otro lado, podrías ser el receptor de las obras de «arte» de otra persona, como los calcetines que ha tejido tu hermana o el cuenco que hizo tu amiga en clase de cerámica. Acepta el regalo con elegancia y utilízalo unas cuantas veces en presencia de quien te lo entregó (si no vive cerca, envíale una foto). Si no es de tu agrado, no sientas la obligación de guardarlo para siempre; es mejor que salga a ver mundo en lugar de quedarse encerrado en tu anaquel. No te sientas culpable, porque es posible que quien te lo regaló estuviese intentando poner orden en su propia casa. Cuando recibas un regalo de este tipo, expresa tu gratitud, pero sin exagerar tu entusiasmo. De lo contrario, ¡podrías recibir más en el futuro!

Recuerdos

Si visitas un lugar muy turístico o un monumento conocido, seguro que verás cerca la omnipresente tienda de *souvenirs*. Y lo más seguro es que esté repleta de turistas. Por alguna razón, no nos parece que hayamos estado realmente en un lugar si no nos llevamos a casa una pequeña réplica, o una taza, una camiseta o una bolsa de tela con la imagen estampada. Comprar una prueba de nuestra visita parece algo perfectamente natural; no es hasta que regresamos a casa y sacamos aquella miniatura cuando empezamos a cuestionarnos nuestro buen juicio. ¡Demasiado tarde! Ese objeto es ya un símbolo de nuestro viaje, y estamos ligados a él para siempre.

Por supuesto, eso no es cierto, ya que las experiencias vividas en nuestros viajes no tienen nada que ver con esas baratijas comunes. Si tiras aquella guirnalda hawaiana o el pisapapeles de la torre Eiffel, tu luna de miel o aquel fin de semana romántico en París no se desvanecerán. Tus recuerdos son infinitamente más valiosos que las chucherías producidas en masa; así que deshazte de los triques turísticos sin ningún remordimiento. En el futuro no caigas en la tentación de conmemorar tus viajes con objetos materiales. No te sientas obligado a comprar jarras de cerveza en Alemania, kimonos en Japón, muñecas rusas en Rusia o llaveros en todas partes. Si de verdad quieres llevarte algo a casa, que sea pequeño: postales o monedas extranjeras son «pruebas» suficientes de tus viajes. Aún mejor son las fotos digitales, dado que no ocupan espacio y proporcionan una maravillosa documentación de tus viajes. Dicho esto, no permitas que la búsqueda de recuerdos o las fotos te distraigan de experimentar plenamente los lugares que visites. ¡Tus recuerdos son los mejores *souvenirs*!

Cuarta parte

ESTILO DE VIDA

Ahora que ya hemos seleccionado y procesado todas nuestras cosas, vamos a dar un paso más en nuestro minimalismo. Presentaremos a nuestras familias el placer del «menos es más» y les invitaremos a purgar y ordenar con nosotros. A continuación veremos cómo beneficia a la Tierra, a sus habitantes y a las futuras generaciones un estilo de vida más sencillo, lo cual nos impulsa todavía más a reducir el consumo y a vivir de manera ligera en este planeta.

29

La familia ordenada

Llegados a este punto, has desarrollado una actitud minima-lista, dominas las técnicas del método STREAMLINE y has despejado y ordenado tu casa satisfactoriamente. Sin embargo, mientras disfrutas del triunfo, tu mirada se posa en los juguetes de tu bebé, o en los zapatos de tu hijo adolescente o en la pila de papeleo de tu pareja... ¡Vaya! Has trabajado muchísimo para ordenar tus cosas, pero ¿qué pasa con las de los demás?

No te preocupes; puedes vivir de manera minimalista con una familia (¡incluso si es numerosa!).

Sí, a más personas, más cosas. Y, para complicarlo aún más, cuanto más mayores son tus seres queridos, menos control tienes sobre ellos. Tu bebé no armará un escándalo si reduces el número de zapatitos, pero se necesita mucha más delicadeza para sacar de casa los peluches de los más pequeños o los viejos aparatos electrónicos de tu pareja.

Ánimo; convertirse en una familia ordenada es posible, y el esfuerzo vale la pena. En este capítulo te explicaré un plan que funciona, tanto si son dos como diez. Estos sencillos pasos proporcionan un marco para despejar y ordenar una casa con varios miembros; se trata, en esencia, de un estímulo para que la familia ponga en práctica las técnicas del método STREAMLINE.

A continuación nos dedicaremos con más atención a los miembros de la familia por separado: bebés, niños de uno a seis años, niños de seis a doce años, adolescentes y pareja. (Advertencia con *spoiler*: la lista va de menos a más difícil). Cada familia es distinta, así que no dudes en leer únicamente lo que le sirva a la tuya (o lee con atención para anticiparte al futuro).

Después de leer este capítulo, descubrirás (puede que con un suspiro de alivio) que el minimalismo y la familia no se excluyen entre sí. De hecho, el minimalismo no solo es adecuado para las familias, sino que las refuerza. Cuando despejamos nuestras casas de todo lo que sobra, podemos dedicar el espacio, el tiempo y la energía a nuestros seres queridos. ¡Ya tenemos algo por lo que vale la pena trabajar!

Veamos ese plan de acción. Vamos a predicar con el ejemplo, crear un plan, establecer límites y rutinas, y preparar una bandeja de salida. Es todo lo que necesitamos para aplicar el método STREAMLINE en familia. No parece tan difícil, ¿verdad?

Predica con el ejemplo

Cuando descubras las bondades del minimalismo, te costará frenar tu entusiasmo. «¿Quién no querría tirar el 80 % de las cosas que no utiliza?», piensas. No obstante, tus posibilidades de éxito radican en hacer más que en decir. Sermonear, suplicar y molestar a tus seres queridos para que ordenen podría tener el efecto contrario e impulsarles a aferrarse todavía más a sus cosas.

En lugar de organizar una campaña verbal, pon el ejemplo. Deja que los sobrios espacios que has creado sean la puerta de entrada de tu familia a un estilo de vida más sencillo. Es posible que el efecto no sea inmediato, pero con el tiempo tu pareja notará que ya no andas con tantas prisas y que nunca olvidas dónde dejaste las llaves; los adolescentes de la casa notarán que ya no llegas con un montón de bolsas del centro comercial, y tu hijo pequeño se dará cuenta de que pasas menos tiempo limpiando y más jugando. Será entonces cuando, con mucha delicadeza, podrás empezar a llevar a tu familia por ese mismo camino.

Además, la experiencia que hayas adquirido poniendo en orden tus propias cosas te servirá para ayudar a tu familia. Solo después de desesperarte por tus cosas entenderás las dudas a las que tendrán que enfrentarse, y solo después de poner en práctica el método STREAMLINE (una y otra vez, y otra más) podrás darles las herramientas que van a necesitar.

Por último, el hecho de haber despejado la casa de tus cosas dará más protagonismo a las suyas. Cuando la mesa del comedor está abarrotada de papeles, materiales para manualidades, revistas y juguetes, nadie sabe de quién es cada cosa. Y si tus cosas han camuflado las suyas durante un tiempo, ¡es posible que ni siquiera se hayan dado cuenta de que están ahí! Pero ahora que las tuyas ya no están, las suyas no tendrán donde esconderse. Una vez que quedan a la vista, es el momento de eliminarlas.

Deja que los sobrios espacios que has creado sean la puerta de entrada de tu familia a un estilo de vida más sencillo.

Después de vencer a tu propio desorden, cuesta aceptar que no puedas tomar las riendas y hacer lo mismo por tu familia. Sin embargo, resiste la tentación de pasearte por toda la casa con bolsas de basura gigantes cuando no haya nadie; si quieres que tu casa permanezca despejada y ordenada, los miembros de tu familia tienen que participar en el proceso.

Los niños en particular aprenden mucho observando e imitando a sus padres. Enséñales que tu vida y tu felicidad no giran en torno a lo material, igual que su propia vida y felicidad. No te obsesiones con comprar cosas, no se pasen el fin de semana en un centro comercial y, sobre todo, no abarroten los anaqueles y los cajones. Fomenta las experiencias por encima de lo material, y el tiempo con la familia, la naturaleza y la comunidad por encima del consumo. Uno de los momentos de los que me siento más orgullosa como mamá minimalista ocurrió cuando mi hija de tres años afirmó: «No necesitamos muchos juguetes. Solo necesitamos el sol».

Sobre todo, ten paciencia. Es posible que a los miembros de tu familia no se les prenda el foco tan rápidamente como a ti. Mientras tanto, tú tendrás que ser la luz, irradiar las maravillas de un estilo de vida más sencillo e iluminar el camino.

Crea un plan

¡Ahora viene la mejor parte! Con un poco de suerte, tus sesiones de limpieza y orden no habrán pasado inadvertidas. Tanto si han provocado un comentario fugaz como si han despertado cierta curiosidad, o incluso un poco de admiración, ha llegado el momento de invitar a tu familia a unirse a ti. Tu actitud en ese momento dependerá por completo del grado de interés y de entusiasmo que muestren los tuyos.

Muchas personas prefieren empezar de manera discreta, poco a poco. Deja que tu pareja o tus hijos se vayan haciendo a la idea sin prisas mientras les demuestras los innumerables beneficios que supone aligerar la carga. Implícales en pequeños proyectos de limpieza para que se vayan acostumbrando (por ejemplo, despejar y ordenar el clóset de la entrada o un cajón de la cocina). Empieza con cosas fáciles, que sean de uso familiar, por las que sientan poco apego; les ayudarás a desarrollar su capacidad de desprenderse de cosas.

Otras personas consideran que empezar a lo grande resulta más eficaz en su núcleo familiar. Limpiar el garaje o el sótano genera un ambiente de compañerismo, aporta una sensación de trabajo bien hecho y estimula la confianza para futuras sesiones de limpieza. Esta experiencia puede intensificar en gran medida los lazos afectivos entre los miembros de la familia y ser una oportunidad para compartir recuerdos del pasado mientras se deja espacio para los nuevos.

De hecho, la solidaridad, el apoyo y la perspectiva de los seres queridos pueden suponer una enorme diferencia en el proceso de limpieza. Cuando tu hijo duda si desprenderse de su equipo de beisbol infantil (que ya le queda pequeño), su hermana puede recordarle que ya es bastante mayor para jugar a beisbol «de verdad». O los niños pueden decirle a papá que prefieren escucharle tocando su «guitarra buena» que la maltrecha que guarda en el garaje.

Tanto si empiezas poco a poco como a lo grande, la clave es la comunicación. Cuando consideres que es el momento, convoca una reunión familiar (puede ser algo formal, con todos los miembros alrededor de la mesa, o una conversación íntima con tu pareja) y organiza un plan detallado de limpieza.

En primer lugar, expresa qué esperas conseguir exactamente. «Vamos a hacer limpieza» resulta demasiado vago. Plantea la operación en su conjunto; si quieres despejar el comedor para así poder sentarse a cenar juntos todas las noches, despejar el sótano para reconvertirlo en un salón familiar o deshacerte del 90 % de tus cosas para vivir en un velero, házselo saber. Para que se suban a tu barco tienen que conocer el objetivo compartido.

A continuación, explica el porqué. Diles que preferirías salir de excursión, todos juntos, los fines de semana en lugar de ordenar el garaje. Hazles saber que quieres tener espacio para que puedan jugar sin tropezar con las cosas. Que sepan que quieres salir más rápido y más tranquila por las mañanas, sin tener que buscar frenéticamente las llaves del coche, las mochilas y los zapatos de la escuela en el último minuto. Explícales que quieres dedicar menos tiempo a las cosas y más tiempo a ellos.

Por último, explica el cómo. ¿Ordenarán los anaqueles de uno en uno? ¿Dedicarán un fin de semana al ático? ¿Convocarás un concurso de limpieza y orden para ver qué miembro de la familia elimina más objetos? Prepara una estrategia y dales las herramientas necesarias para que salgan airosos. Explícales el método STREAMLINE; enséñales a volver a empezar, a decidir qué conservan, a encontrar un lugar para cada cosa, a fijar límites y utilizar módulos, a restringir el número de objetos y a llevar a cabo rutinas diarias para no volver a caer en la acumulación.

Puede que te estés preguntando si se necesita tener el consenso familiar para cada objeto rechazado. Yo digo que no. Si el objeto en cuestión no pertenece a una persona concreta y apenas tiene valor (monetario, sentimental o el que sea), no dudes en practicar alguna que otra eliminación furtiva. Si pides la opinión de todos antes de deshacerte de los moldes que sobran o de un tapete gastado, seguro que alguien plantea un motivo para guardarlo. Toma una decisión firme, evita el conflicto y libera a los miembros de tu familia para que se concentren en sus propias cosas.

Establece límites

¿Recuerdas cuando compartías habitación con un hermano o hermana, y marcaron una línea en el centro para delimitar su territorio? A continuación haremos algo parecido. Puede parecer una tontería, pero resulta absolutamente esencial para una casa despejada y ordenada.

La clave consiste en que cada miembro de la familia tenga un espacio para sus pertenencias. Ese concepto por sí solo servirá para mitigar el pánico súbito que podrían sentir al escuchar la palabra *limpieza*. Deja muy claro que no es necesario que se desprendan de todas sus cosas, que solo tienen que guardar sus pertenencias en su espacio. Básicamente, se trata de la técnica de fijar límites a gran escala, y sirve para que cada miembro de la familia se responsabilice de sus posesiones.

Ese espacio definido podría ser el dormitorio o el cuarto de juegos de tu hijo, o un rincón de la sala destinado a esa actividad; asimismo, podría ser el despacho, el «taller» o una parte del garaje en el caso de tu pareja (si es necesario, ¡marca la línea físicamente!). Si vives en una casa pequeña o diáfana (sin paredes interiores), es posible que tengas que recurrir a la creatividad y asignar estantes, anaqueles y secciones de estancias a cada miembro de la familia. El objetivo consiste en mantener las pertenencias guardadas y los espacios comunes despejados.

Al principio, esa limpieza de los espacios familiares puede provocar la acumulación de objetos en los espacios personales. ¡No pasa nada! Tu pareja o tus hijos tienen que ver sus cosas para encargarse de ellas. El caos resulta mucho más evidente cuando se acumulan las cosas (y no se vuelven a dejar repartidas por toda la casa). Por supuesto, no quieres que la habitación de tu hijo de diez años parezca la de un enfermo con síndrome de Diógenes; es ahí donde entras tú y le ayudas a decidir con qué se queda.

De hecho, para anticiparte un poco, aplica la técnica de Trique, Tesoro o Traspaso durante el proceso de agrupamiento. Puede que a tu hija no le importe que su casita de muñecas (con la que ya no juega) esté en el cuarto de los trebejos, pero preferirá tirarla a llevársela a su habitación. Tu pareja podría guardar todos los números de un año de una determinada revista solo porque resulta muy cómodo apilarlas en la mesa del comedor. Plantéales la posibilidad de deshacerse de lo que no quieran llevarse a sus respectivos espacios personales.

La clave consiste en que cada miembro de la familia tenga un espacio para sus pertenencias.

Lo más importante es que te asegures de que todos entiendan que el espacio familiar es un espacio flexible. Es decir, que pueden jugar con sus juguetes, leer sus libros y continuar con sus manualidades en la sala, pero que al acabar, tienen que retirarlo todo (de ser posible, cada noche). Seguramente, tendrás que hacer excepciones provisionales de vez en cuando (por ejemplo, con el proyecto de ciencias que ocupa la mesa del comedor y que se entrega en una semana). Pero pon una fecha límite para que el proyecto no continúe ahí cuando tu hijo ya vaya a la universidad. Recuerda que el objetivo de fijar límites no es restringir las actividades familiares, sino ¡dejar espacio para esas actividades!

Establece unas rutinas

Si superan —no, ¡cuando superen!— una ronda de limpieza en familia, tómense un momento para celebrarlo. Coméntales a tu pareja y a tus hijos el fabuloso trabajo que han hecho y hagan una pausa para admirar el espacio recién descubierto (aunque solo sea un poquito en el clóset de los abrigos). ¡Trata la ocasión como si fuese una victoria! Si hacer limpieza y poner orden se percibe como algo divertido y positivo (y no como una tarea pesada), tu familia se animará a continuar.

Deja la copa de champán un momento, pues tu trabajo no ha terminado. Tanto si han hecho una gran limpieza como una muy modesta, tendrás que establecer algunas rutinas nuevas para evitar que la acumulación se reproduzca. Por favor, te lo suplico: ¡no te saltes este paso! Los sistemas tienden a la entropía, y tu casa no es ninguna excepción: mañana, tu hija llevará a casa una bolsita de golosinas de una fiesta de cumpleaños, tu pareja aparecerá con un cargamento de algún producto que estaba de oferta y tu hijo dejará su nueva colección de rock en la mesita de centro. No permitas que esa arremetida diaria eche a perder su progreso.

Por mucho que lo intentes, no podrás mantener lo logrado sin apoyo; estas rutinas deben implicar a toda la familia. La primera que deben llevar a cabo es recogerlo todo por la noche. Elige un momento entre la cena y la hora de irse a dormir, y pon a toda la familia a recorrer la casa para que recojan sus objetos personales y los devuelvan a su lugar. Tanto si se trata de ti y de tu pareja recogiendo la cocina, como de los seis miembros de tu familia ordenando toda la casa, convierte la ocasión en un esfuerzo comunitario con un principio y un final claros. Sí, al principio es posible que tengas la sensación de ser un sargento de instrucción, pero con el tiempo resultará más fácil. Y si lo hacen todos los días (sin quejas ni lamentos), les llevará diez minutos.

Este repaso al final del día es una manera increíblemente eficaz de mantener a raya el desorden, ya que las cosas solo tendrán veinticuatro horas para acumularse. Y lo que es mejor, el fastidio de tener que hacerlo podría abrir los ojos a los miembros de tu familia respecto a los inconvenientes de poseer «más». Si hay más cosas, significa que hay que dedicar más tiempo y esfuerzo a ordenar todas las noches; menos cosas es sinónimo de más tiempo para divertirse. Obliga a los miembros de la familia a enfrentarse a su desorden todos los días y podrían acabar convencidos de que no interesa llevar más cosas a casa.

Una segunda rutina que deberías introducir es devolver cada cosa a su lugar inmediatamente después de utilizarla. Los niños pueden y deben aprender esto cuanto antes. Para convencerte de que no es imposible, averigua cómo funciona un aula con el método Montessori: verás a niños de tan solo dos años devolviendo sus cosas a los lugares donde deben estar en cuanto acaban la tarea. (Cuando descubrí que mi hija lo hacía en el colegio —¡sí, me quedé impresionada!—, albergué la esperanza de que en casa también lo haría).

Por último, nunca es demasiado pronto para llevar a cabo una rutina basada en el principio del entra uno y sale uno, y que los pequeños de la casa se acostumbren a renunciar a un juguete viejo cuando llegue uno nuevo. Esta práctica resulta especialmente eficaz para hacer frente al tsunami de regalos que reciben por su cumpleaños y en Navidad. Por la misma regla de tres, anima a tu adolescente a prescindir de esos *jeans* gastados o de tenis viejos cuando se compre unos nuevos; si le da mucha pena separarse de algo, tal vez pueda posponer la compra hasta que realmente necesite reponer algo.

Por desgracia, hacer limpieza y poner orden no es algo que pueda hacerse de una sola vez y que ordene nuestras vidas para siempre por arte de magia (sobre todo en el caso de las familias numerosas). No obstante, si ayudas a tus seres queridos a establecer nuevas rutinas para gestionar sus pertenencias, tu casa tendrá muchas más posibilidades de permanecer despejada y ordenada.

Prepara una bandeja de salida

A veces, tu casa parece una gran bandeja de entrada: entran juguetes, ropa, papeles, compras, regalos, trebejos y demás. Por desgracia, el camino de salida no está tan claro. Para facilitarlo tendrás que preparar una bandeja de salida. A las cosas no les cuesta nada entrar, así que tenemos que conseguir que les resulte igual de fácil salir.

Pongamos que el gran ejemplo que has dado ha inspirado a tu familia a hacer limpieza y poner orden. Han acordado un plan, han establecido sus límites y practican nuevas rutinas. Eso es fantástico... hasta que el adolescente de casa se pasea por el recibidor con unas calcetas para tirar, no tiene ni idea de dónde dejarlos y acaba tirándolos en un rincón de su habitación hasta que se le ocurra qué hacer con ellos. Pierde el ímpetu, y es posible que lo siguiente ni siquiera llegue a salir de su habitación.

¿Cómo puedes evitar este fallo en el proceso y su potencial para tirar por la borda todo su esfuerzo? Haz que sea fácil para tu familia renunciar a las cosas. Nada de «lo guardamos para la siguiente depuración»; es más fácil ponerlo en la bandeja de salida que guardarlo. No, no sugiero que aproveches la pereza de tus familiares para impulsar tus objetivos minimalistas, pero a veces vale la pena convertir la operación de limpieza en la solución que exige el menor esfuerzo.

Profundicemos un poco en la idea de la bandeja de salida. Queremos que sea grande (para que quepa todo), vistosa (para que no se le pase por alto a nadie) y que se encuentre en un lugar adecuado. Por supuesto, el tamaño dependerá de cada casa y del volumen de los posibles objetos desechados. Ante la duda, sé generoso para que la persona que vaya a tirar una manta vieja o un altavoz roto no se eche atrás porque la bandeja (la caja) es un adefesio. Cuando digo «vistosa», me refiero a que destaque. Forra una caja de cartón común y corriente con un papel adhesivo llamativo para que no quede ninguna duda de su función. Además, un color alegre creará cierta asociación positiva con el proceso.

Por último, la correcta ubicación es el principal factor del éxito de la bandeja de salida. Si la colocas en la esquina más alejada del sótano o en el garaje, tu familia podría pensar que no vale la pena desplazarse hasta ahí para dejar sus cosas. Colócala en un punto visible y cómodo para todos (por ejemplo, el vestíbulo, el clóset de los abrigos o, incluso, el lavadero). Mejor aún, ponla a solo unos pasos del punto del que crees (o esperas) que surgirá la mayor parte de los residuos: el clóset junto a los dormitorios de tus hijos o el despacho de tu pareja, por ejemplo.

Como cabecilla de la operación de limpieza, tendrás que controlarlo todo (aunque es un pequeño precio que debes pagar en comparación con el potencial flujo de salida). Piensa que se trata de una operación de reciclaje en la que no es necesario separar los residuos: brinda a tu familia la comodidad de dejar en la caja todo lo que ya no necesitan, pero acepta que tú tendrás que clasificar el contenido después.

¿Por qué? Porque tu hija de doce años podría tirar su ropa de vestir; tu adolescente, su violín, y un niño travieso podría tirar el osito favorito de su hermana (damos por sentado que a tu pareja no se le ocurrirá ninguna trastada al respecto). Quieres asegurarte de que todo lo que vaya a parar a la bandeja de salida tiene que estar ahí y de que las piezas más valiosas se tratan adecuadamente (es decir, se venden o se donan). Dependiendo de la rapidez con la que se llene la caja, repásala cada semana, cada mes o cada temporada, pero, sobre todo, asegúrate de que siempre haya espacio para más.

Ahora que ya tenemos un plan general para todas las familias, vamos a trazar un plan más específico para la tuya en concreto. De los bebés a las medias naranjas, esta sección proporciona consejos detallados para cada miembro de la familia.

Los bebés

Si explicas tus planes de limpieza y orden a los más pequeños, harán gorgoritos, sonreirán y pensarán que es la mejor idea que han oído nunca.

Y no es que estén intentando que te derritas, sino que realmente están contigo en tus planes minimalistas. No podrían importarles menos sus muebles, la decoración, el columpio con motor, la cama de diseño, las toallas cursis, la ropa recargada, el móvil musical o cualquier otro objeto indispensable de la lista.

Lo único que quieren son tus abrazos, tus sonrisas y tu atención exclusiva.

En su mayoría, los utensilios para bebés están más pensados para beneficio de los padres primerizos (o futuros) que para los propios bebés. Se venden con la promesa de que nuestras vidas (de cabeza de la noche a la mañana) serán un poco más fáciles, cómodas o elegantes. Y cuando estás nervioso, o no tienes ni idea, o ambas cosas a la vez, y te mueves con solo tres horas de sueño nocturno, no tienes ningún inconveniente en soltar tu dinero sin pensarlo dos veces (sí, hablo por experiencia).

He aquí mi consejo: si tu bebé todavía no ha llegado, compra únicamente lo indispensable antes del nacimiento. Espera a estar en las trincheras para ver qué necesitas realmente. Te aseguro que las tiendas de artículos para bebés no cerrarán en masa el día en que tu retoño venga al mundo, y las tiendas en internet seguirán funcionando las veinticuatro horas. Así que relájate porque sabes que podrás comprar lo que necesites cuando lo necesites. Pide tarjetas regalo en lugar de regalos físicos; a la larga resultan mucho más prácticas.

Si la habitación de tu recién nacido ya cuenta con todo lo que necesitará hasta que vaya a la guardería, empieza la operación de limpieza. No obligues a tu bebé a dormir en un basurero. Sácalo todo y mete únicamente las cosas que utilices a diario o con mucha frecuencia. Ambos se beneficiarán de una habitación relajante, serena y espaciosa.

Y ¿qué necesitas exactamente durante el primer año de un bebé? Tu hijo o hija te lo hará saber (la mía, por ejemplo, me hizo saber que odiaba las mecedoras... cuando yo ya había acumulado media docena).

Lo sé, no es precisamente la respuesta que esperabas (resulta mucho más tranquilizador disponer de una lista), pero cada bebé es distinto. A posteriori, me las habría arreglado con una sillita para el coche, una cuna, una cangurera y ropa, pero tuve mucho más que eso (y a ti te ocurrirá lo mismo). Si cometes errores, no te preocupes; en un arrebato compré un columpio para bebés que a mí me encantaba y que mi hija odiaba con todas sus fuerzas. Limítate a tomar nota y aprender de la experiencia; dona o vende el objeto en cuestión, y sigue adelante. Recuerda que para tu bebé el espacio es mejor que la acumulación de cosas.

Si todavía no lo has hecho, la niñez es el momento ideal para minimizar todas las posesiones. Cuando tu bebé empiece a gatear, a dar sus primeros pasos y a recorrer todos los rincones, te darás cuenta de que despejar la casa es la mejor solución para su seguridad. Cuantos menos muebles con los que chocar, menos cosas que pisar y menos triques con los que tropezar haya, menos daños para el pequeño de la casa y más tranquilidad para ti.

Si tu bebé todavía no ha llegado, compra únicamente lo indispensable antes del nacimiento.

Los niños de uno a seis años

Las cosas se complican un poco a estas edades. Puede que creas que tienes carta blanca para deshacerte de las cosas de tus hijos, pero ellos ya están desarrollando el deseo de control y posesión (se dice que las palabras favoritas de los niños de uno y dos años son «no» y «mío»).

Yo pagué la novatada. Me dediqué a deshacerme de todo aquello con lo que mi hija no jugaba desde hacía meses después de dar por sentado que no le importaría o no se daría cuenta. A los dos años, más o menos, desarrolló un sexto sentido para todo lo que faltaba (aunque llevara un año sin tocarlo).

«¿Te acuerdas de mis aros? Quiero mis aros», me dijo el día en que empaqueté sus aros apilables para donarlos a una organización benéfica. La tarde que envié a su primita los libros que por edad ya no le correspondían, me preguntó: «¿Dónde está *Toca los colores*? Quiero leer *Toca los colores*». Tres días después, cuando la petición ya se había convertido en una rabieta en toda regla, salí corriendo a la librería, a escondidas, para comprar otro ejemplar de *Toca los colores* (cosa de la que no estoy nada orgullosa).

Aunque no es el consejo minimalista por excelencia, recomiendo una «zona de espera» para las cosas de los más pequeños, es decir, un punto en el que los objetos puedan quedarse unos meses más antes de salir de casa. Así, cuando tu hijo note lo que falta y decida que no soporta vivir sin eso un minuto más (con lágrimas, gritos y pataletas en el suelo), podrás recuperar el objeto en cuestión sin tener que sufrir la humillación de salir a comprarlo por segunda vez.

En algún momento comprendido entre los dos y los cinco años, los niños desarrollan el sentido de la propiedad en una medida suficiente para darse cuenta de que no todo les pertenece, de que las cosas se pueden compartir (de manera temporal o permanente) con otros niños. A mi hija no le importa ceder un juguete si sabe adónde va a parar (ya sea su prima de Texas o «una niñita que no tiene muchos juguetes»); la condición es que no desaparezca sin ninguna explicación.

De hecho, algunos niños de estas edades se muestran muy dispuestos a ceder sus cosas de «bebé», y se sienten orgullosos de ello. ¡Aprovecha ese entusiasmo para cultivar el amor por el menos es más! Por otro lado, si a tu hijo le cuesta mucho desprenderse de las cosas, no lo hagas todo en su presencia; deshazte discretamente de las cosas menos importantes y utiliza la zona de espera tanto como necesites.

Estos años son ideales para enseñar la filosofía de tener en cada lugar, una cosa, y cada cosa en su lugar. Requiere un poco más de esfuerzo por tu parte, ya que en lugar de dejar todas las cosas de tu hijo en una caja, tendrás que distribuirlas en estantes de fácil acceso (y de fácil reposición). Si es necesario, pon fotos de los juguetes en los lugares donde tengan que guardarse, y cada vez que tu hijo juegue con algo, ayúdale a devolverlo a su sitio antes de que elija otro juguete.

Utiliza módulos (botes y cestos, por ejemplo) para agrupar los juguetes con muchos componentes, como bloques y Legos. También en este caso, pega una foto en el recipiente si lo consideras necesario. Esta estrategia no solo ayuda a los niños a recoger; además, desarrolla habilidades importantes como categorizar y clasificar. Ahí lo tienes: ¡enseñar a tu hijo el método STREAMLINE desde su más tierna infancia puede desarrollar aún más su inteligencia!

Los niños de seis a doce años

Hacer limpieza y ordenar adquiere una dimensión totalmente nueva en el caso de los niños de más edad, puesto que ya son capaces de participar completamente en el proceso, e incluso de llevar a cabo por sí solos algunas de las técnicas del método STREAMLINE (aunque te recomiendo que sigas controlando la bandeja de salida). ¡Que empiece la diversión!

Si tu hijo de uno a seis años empezaba a entender por encima el proceso de clasificar en Triques, Tesoro o Traspaso, tu hijo mayor está listo para ponerlo en práctica. A los niños de estas edades les encanta tomar decisiones. Distinguen claramente qué son triques para tirar, qué quieren conservar y qué no quieren pero podría servir a otros niños. Además, desarrollan el sentido de la empatía y la solidaridad, y casi siempre se muestran entusiasmados ante la idea de ceder parte de sus cosas a niños menos afortunados.

Este grupo de edad también es capaz de formular y articular una razón para conservar un objeto: me gusta acurrucarme con él, me hace feliz, mi nana me lo regaló o hace un ruido de sirena muy bonito (¡no dije que fuera una buena razón!). Asimismo, pueden plantear razones para no quedarse algo: está roto, ya no me queda bien, soy demasiado mayor para eso... Habla con tu hijo durante el proceso; probablemente, le encantará tener una conversación con sus cosas.

Los niños de seis a doce años también están mejor preparados para mantener cada cosa en su lugar. Si los más pequeños necesitan mucha ayuda, los niños en edad escolar son capaces de recogerlo todo ellos solos. Y lo que es mejor, en su búsqueda de independencia, les encantan las nuevas responsabilidades y se enorgullecen de hacer bien las cosas.

Los niños de estas edades pueden organizar sus propios módulos, y es muy probable que disfruten clasificando sus cosas por grupos. Por tu parte, asegúrate de que tu hijo disponga de los recipientes adecuados e introduce unos límites: dile que puede guardar todos los coches (o los muñecos, o los materiales de manualidades) que quepan en la caja indicada. Probablemente, disfrutará eligiendo sus favoritos y cuidando de sus cosas. También tienen edad suficiente para entender la regla del entra uno y sale uno: para que quepa un nuevo juguete en la caja, tiene que salir uno viejo.

A esta edad, pongan en práctica las rutinas de mantenimiento diario. Ayuda a tu hijo a desarrollar el hábito de recoger su habitación cada noche; así evitarás que el desorden (y la acumulación) se le vaya de las manos, y la inevitable lucha cuando la tarea acabe pareciendo excesiva. Además, tu hijo entenderá el valor de tener menos cosas.

El mejor modo de implicar a los adolescentes consiste en apelar a su sentido de madurez emergente.

Los adolescentes

La buena noticia es que tu hijo adolescente es perfectamente capaz de llevar a cabo el método STREAMLINE de manera autónoma. Cuando acabes de explicarle las técnicas, podrás apartarte de la mecánica de hacer limpieza y ordenar. Tu principal papel a esta edad consiste en servir de guía y motivar.

Y esa es la parte difícil: ¿cómo rayos se motiva a un adolescente para que reduzca sus posesiones? Los adolescentes no destacan precisamente por el gusto de complacer a sus padres. Y ahí radica el secreto del éxito: tienen que creer que lo hacen para ellos mismos, no para nosotros.

Mi consejo es que comiences a lo grande con el primer paso del método STREAMLINE: volver a empezar. Anima a tu adolescente a que lo saque todo de su espacio y se quede únicamente con sus favoritos y los esenciales. ¿Cómo puedes despertar su entusiasmo? Dile que la operación se llama «Cambio de *look*».

El mejor modo de implicar a los adolescentes consiste en apelar a su sentido de madurez emergente. Les quedan unos años para abandonar el nido y ya podrían fantasear sobre su futuro estilo de vida. La esperanza es que esa oportunidad de crear su propio espacio, más adulto, les anime a deshacerse de sus cosas de la infancia (¡mejor empezar ya y no esperar al día en que se vayan de casa!).

Por tu parte, no olvides dejar los sentimentalismos a un lado y no te interpongas en su camino. Si tu adolescente quiere deshacerse de su colección de estampas de beisbol, o de sus anuarios de primaria o de los regalos de la abuela, déjalo. Si tu hija adolescente ya no quiere su cama con dosel y el tocador a juego, déjala. Si quiere deshacerse de la colección de muñecas que has acumulado con esmero (y ¡mucho dinero!) para ella, que así sea.

La finalidad del cambio de *look* no es dotar a tu adolescente de un presupuesto para decoración. ¡Nada más lejos de la realidad! De hecho, los gastos deberían ser mínimos o cero. La única concesión que te recomiendo es un nuevo color para las paredes, ya que así la transformación resulta mucho más evidente. Este ejercicio no consiste en comprar cosas nuevas, sino en rediseñar su espacio con sus cosas favoritas. Ayúdale a aplicar las técnicas del método STREAMLINE para decidir qué se queda y dónde lo guarda, y para mantener su nuevo espacio despejado y ordenado.

Cuando des permiso a tu adolescente para que se deshaga de lo que quiera, tal vez te sorprenda el minimalista que saldrá a la luz. En un mundo en que son bombardeados con la publicidad y la presión de los amigos para tener más cosas, muchos adolescentes no tienen ni la más mínima idea de que resulta aceptable no querer cosas. A lo largo de los años he recibido innumerables correos electrónicos de adolescentes que me dan las gracias por la información y el apoyo que encuentran en mi blog. A algunos les entusiasma descubrir el minimalismo; otros sienten alivio al saber que existe una alternativa a una madurez dedicada a trabajar y gastar, y otros parecen impacientes por crear su propio oasis de espacio en una casa caótica.

Que tu adolescente tenga la habitación desordenada o se pase la vida de compras no significa que nunca será minimalista; simplemente, podría ocurrir que repita lo único que conoce. Preséntale un estilo de vida más sencillo; el hecho de que vaya en contra de la corriente dominante podría agradar a su lado rebelde. Aunque tu adolescente no se pase al minimalismo mientras vivan bajo el mismo techo, le habrás hecho un regalo maravilloso. Cuando se abra paso en la vida, se llevará un poderoso ejemplo de los placeres de tener menos cosas.

La pareja

Finalmente, veamos cómo hacer que tu pareja se suba al tren de la limpieza y el orden.

Si tu pareja y tú acaban de empezar una vida en común (o están pensando en ello), es la oportunidad perfecta para volver a empezar. No comiencen su convivencia teniendo dos cosas de cada uno; desháganse inmediatamente de los repetidos antes de establecerse. Puede resultar difícil decidir qué tostadora, o qué aspiradora, o qué sofá es «mejor». Como minimalista, es posible que tú tengas que ceder más. No obstante, reducir al mínimo antes de empezar a convivir les facilitará la transición.

Si llevan un tiempo viviendo juntos, es posible que tengas por delante un reto de mayor envergadura: cambiar rutinas y hábitos establecidos. Pero no te preocupes, porque ¡se puede hacer! Puede que tengas la suerte de que tu pareja acepte la idea con entusiasmo, que se sienta un poco incómoda por el exceso de cosas que tienen en casa o que te haya estado lanzando indirectas para que reduzcas tus cosas. Si es el caso, considérate muy afortunado y pongan en marcha el método STREAMLINE. Sin embargo, si tu pareja muestra poco o ningún entusiasmo ante la idea, no te preocupes, pues un poco de delicadeza y mucha paciencia pueden convertir a cualquier acumulador desordenado en un aliado de la limpieza y el orden.

No obstante, lo primero es lo primero: ¡nada de tocar sus cosas! Sé que resulta tentador, pero no tires nada de tu pareja sin su conocimiento o su consentimiento (aunque creas que no se dará cuenta). Embargado por el entusiasmo, podrías pensar que resulta amable y oportuno hacer el trabajo pesado, pero se trata del camino más rápido hacia la desconfianza y la actitud defensiva, y arruinarás tus posibilidades de éxito. Por tanto, respira hondo y prepárate para una campaña lenta, constante y sutil.

Es como cultivar una flor; tienes que sembrar la semilla, fertilizarla y ponerla al sol, pero al final crecerá y florecerá por voluntad propia.

Empecemos con algunas técnicas para sembrar la semilla de la limpieza y el orden:

- Como ya hemos visto, predica con el ejemplo. De verdad, no existe mejor testimonio del minimalismo que una demostración radiante: un clóset ordenado y con lo justo, una cubierta perfectamente despejada o un cajón de cocina con lo básico.

- Deja este libro en un lugar visible. Los reacios a hacer limpieza y ordenar podrían mostrarse más receptivos a la idea si no llega directamente de ti. Una alternativa consiste en enviarles correos electrónicos que puedan despertar su interés, como la historia de una familia que consiguió saldar una deuda deshaciéndose de parte de sus pertenencias, o la de un ejecutivo que redujo sus posesiones para emprender una nueva trayectoria profesional.

- Menciona como de pasada tus esfuerzos de organización. No empieces la conversación con un «tienes demasiadas cosas», porque el otro se pondría inmediatamente a la defensiva. Limítate a explicar cómo estás intentando reducir el contenido de tu clóset o tus materiales para manualidades, tal como hablarías sobre una nueva afición. Se trata de un buen modo de presentar las técnicas del método STREAMLINE en un contexto informativo (y no instructivo).

Ya has sembrado la semilla. Ahora es el momento de fertilizarla con los nutrientes necesarios. No conseguirás que una planta crezca si la agobias y le gritas (o, lo que es peor, si intentas arrancarla). Del mismo modo, no puedes obligar a nadie a que haga algo, sino que tienes que conseguir que quiera hacerlo. Sigue estos consejos:

- Averigua qué motiva a tu pareja. Ponte en su lugar y descubre qué aspecto del minimalismo le gustaría especialmente. ¿Vender cosas para pagar unas vacaciones? ¿Invertir menos tiempo en el mantenimiento de sus cosas y más tiempo con los niños? ¿Reducir el consumo para poder jubilarse antes? Haz hincapié en los beneficios, que se trate de lo que el otro quiere, no de lo que tú quieres.
- Facilita las cosas. En primer lugar, acuerden los espacios en los que cada uno de ustedes guardará sus cosas personales y los espacios que permanecerán despejados. A continuación, descarten objetos compartidos sin importancia, como los productos de limpieza, el exceso de platos o el material de oficina (por ejemplo, bolígrafos o clips). Los resultados fáciles fomentan la confianza en el proceso.
- Crea un ambiente de compañerismo. Recuerda que no mandas, que están trabajando en equipo. Pide a tu pareja su opinión durante todo el proceso. En lugar de anunciar que todo lo que hay en el garaje debe salir, pregunta: «¿Cuál crees que es la mejor manera de ganar espacio aquí?». A nadie le gusta que le den órdenes; el otro se mostrará más entusiasmado si siente que tiene el mismo control que tú durante el proceso. Además, un objetivo común aporta motivación e impulso.

Con un poco de suerte, tus cuidados habrán contribuido a la aparición de una preciosa plantita. Ahora es el momento de que le dé el sol generosamente.

- Elogia, elogia y no te canses de elogiar. A las personas nos encanta escuchar que lo estamos haciendo bien y tendemos a repetir la conducta por la que recibimos comentarios positivos. Si, por el contrario, te dedicas a criticar, frenarás el avance del otro. De manera que, aunque solo deseche unas cuantas camisetas viejas, no digas: «¿Ya está?». Dile que se le da muy bien hacer limpieza y que es maravilloso ver un poco de espacio libre en su clóset. Cuando creemos que somos buenos en algo, queremos hacer más de ese algo.

- Transmite positivismo. Mantén una actitud alegre, también cuando las cosas se pongan difíciles. No critiques a tu pareja si le cuesta mucho deshacerse de esto o aquello. Solidarízate y comparte algunas técnicas que te han ayudado a sortear los momentos problemáticos. Evita las discusiones, continúa haciendo hincapié en los beneficios y tómense un descanso si la cosa se pone tensa.

- Crea un efecto invernadero, es decir, aporta a esa plantita unas condiciones de crecimiento óptimas y protégela de todo lo que pueda perjudicarla. Si tu pareja quiere ir al centro comercial, sugiérele un paseo por el parque, juntos. Si está hojeando un catálogo, distrae su atención con algún tema de conversación. Si va a entrar en eBay, haz que desista poniéndote algo sexy. Ya captas la idea: se trata de convertir los momentos de consumo en momentos de pareja y evitar que sigan entrando cosas en tu casa.

Sobre todo, no te olvides de la paciencia. Las cosas no se acumulan de la noche a la mañana, y tampoco se irán con esa rapidez (¿las tuyas sí?). Además, se necesita tiempo para cambiar hábitos arraigados e interiorizar nuevas formas de pensar.

Intimidar a tu pareja para que haga limpieza y ordene rápidamente es como obligar a una planta a que florezca; sin duda, podrías obtener una gratificación momentánea, pero será muy efímera. Si, en cambio, permites que la idea disfrute de una temporada de crecimiento adecuada y de la posibilidad de echar raíces, las semillas de la sencillez podrían convertirse en un maravilloso modo de vida nuevo.

30

El bien común

Algo maravilloso ocurre cuando nos convertimos en minimalistas: nuestros esfuerzos tienen un efecto dominó positivo en el mundo. Cada vez que decidimos no realizar una compra frívola, nos la arreglamos con lo que ya tenemos o pedimos prestado a un amigo en lugar de comprar, es como si hiciéramos un pequeño regalo al planeta. El aire estará un poco más limpio, igual que el agua; los bosques estarán un poco más frondosos; los basureros, un poco menos llenos. Podemos pasarnos al minimalismo para ahorrar dinero, tiempo o espacio en nuestras casas, pero nuestras acciones tendrán beneficios que van mucho más allá: evitan daños ambientales al planeta y condiciones de trabajo injustas a muchas personas. No está mal a cambio de tener unos clósets despejados y ordenados, ¿verdad?

Conviértete en «minsumidor»

A los publicistas, las empresas y los políticos les gusta definirnos como consumidores. Nos animan a comprar sin freno, y de ese modo logran llenarse los bolsillos, aumentar sus beneficios y ser reelegidos. ¿En qué situación nos deja eso a nosotros? En la de trabajar mucho para pagar cosas que no necesitamos. En la de trabajar horas extras para comprar cosas que se volverán obsoletas en cuestión de meses. En la de luchar para saldar las deudas de la tarjeta de crédito con la que compramos cosas que abarrotan nuestras casas. Vaya, hay algo que no cuadra...

No obstante, tengo una maravillosa noticia: ¡el minimalismo nos hace libres! Nos saca del ciclo de «trabajar y gastar», y nos permite crear una existencia que poco tiene que ver con las grandes superficies, los artículos imprescindibles o los cargos en nuestras cuentas. En lugar de consumidores, podemos convertirnos en «minsumidores», minimizando el consumo a lo que cubre nuestras necesidades, minimizando el impacto de nuestro consumo en el medio ambiente y minimizando el efecto de nuestro consumo en las vidas de otras personas.

Convertirnos en «minsumidores» no significa que no podamos volver a pisar una tienda nunca más. No sé tú, pero yo no me siento cómoda rebuscando en la basura por si encuentro lo que necesito (y, por supuesto, no espero conseguir nada gratis). Aprecio la facilidad con la que podemos obtener productos básicos y el hecho de que no tengamos que dedicar nuestra existencia (como nuestros antepasados) a asegurarnos el alimento, la vestimenta y un techo. No obstante, creo que una vez cubiertas esas necesidades, el consumo puede quedarse en un segundo plano. Si no pasamos frío y estamos a buen recaudo y alimentados, no deberíamos sentirnos impulsados a visitar un centro comercial o a navegar por internet en busca de más cosas que comprar. Podríamos dedicar ese tiempo y energía a otros objetivos más satisfactorios, como los relacionados con la naturaleza espiritual, cívica, filosófica, artística o cultural.

Y ¿qué tenemos que hacer para convertirnos en «minsumidores»? En realidad, no mucho. No tenemos que protestar, boicotear o bloquear las puertas de las grandes superficies; de hecho, no tenemos que mover un dedo, ni salir de casa, ni gastar un solo momento de nuestro valioso tiempo. Simplemente, se trata de no comprar. Cada vez que ignoremos los anuncios de la tele, que pasemos junto a determinados productos que se compran por impulso y ni siquiera los miremos, que saquemos libros prestados de la biblioteca, que arreglemos la ropa en lugar de sustituirla o que nos resistamos a comprar el último trebejo electrónico, estaremos llevando a cabo nuestros pequeños actos de «desobediencia consumista». Con el sencillo acto de no comprar conseguimos mucho: dejamos de apoyar la explotación laboral y ahorramos recursos de nuestro planeta. Es uno de los modos más sencillos y eficaces de sanar la Tierra y mejorar la vida de quienes vivimos en ella.

Reducir

Todos estamos familiarizados con el lema de «reducir, reutilizar, reciclar». De las tres erres, «reciclar» es la superestrella; se menciona en campañas en favor del medio ambiente y en programas ciudadanos. Cuando decidimos ser ecológicos, reciclar suele ser el punto central de nuestros esfuerzos. Reducir, sin embargo, es la heroína ignorada del trío de erres: cuanto menos compremos, ¡menos tendremos que reciclar! Reducir evita todo el proceso (recursos, trabajo y consumo de energía) y, por tanto, es la piedra angular de nuestra filosofía del «minsumismo».

El mejor modo de reducir consiste en comprar únicamente lo que necesitamos.

Cada producto que compramos pasa por tres importantes pasos en su ciclo de vida: producción, distribución y eliminación. En la fase de producción se utilizan recursos naturales y energía para fabricar el producto. En algunos casos se liberan sustancias químicas nocivas en el aire y el agua como consecuencia del proceso de fabricación. En la fase de distribución, la energía (normalmente en forma de combustible para camiones, barcos y aviones) se utiliza para transportar el producto desde la fábrica hasta la tienda, lo que en muchos casos significa un viaje por medio mundo. En la fase de eliminación, el producto tiene potencial para abarrotar los basureros y filtrar toxinas en el medio ambiente durante el proceso de degradación.

Cuando reciclamos, intentamos ejercer cierto «control de daños» al evitar los problemas de la eliminación y fomentar la reutilización de los materiales para fabricar nuevos productos. Por su parte, reducir permite eliminar todo ese proceso tan dañino. Cada artículo que no compramos es una cosa menos que se produce, distribuye y elimina. Es mejor no llegar a poseer nunca el objeto que tener que preocuparnos por cómo se fabricó, cómo llegó hasta allí y cómo deshacernos de él más tarde.

El mejor modo de reducir consiste en comprar únicamente lo que necesitamos. En lugar de salir de compras a lo loco, tenemos que reflexionar sobre cada compra, ya sea ropa, muebles, electrónica, decoración o incluso comida. Debemos desarrollar el hábito de preguntarnos «por qué» antes de comprar. Por ejemplo, ¿voy a comprar esto porque realmente lo necesito, o porque lo vi en un anuncio, lo tiene un amigo o se ve muy bonito en el escaparate? Deberíamos detenernos a pensar si podemos arreglárnosla sin ese artículo. De hecho, considera la fila para pagar como una bendición encubierta, ya que te da tiempo suficiente para analizar lo que llevas en el carro. Yo he pasado muchas veces de largo en la caja después de detenerme a reflexionar sobre posibles compras.

Las técnicas que puedes aplicar para reducir el consumo son innumerables. Disfruta del reto de satisfacer tus necesidades por otras vías, e improvisen juntos una solución creativa en lugar de salir corriendo a la tienda. Puede ser tan sencillo como pedir prestada una herramienta a un vecino, o tan ingenioso como idear su propio sistema de riego por goteo con materiales que tengan a mano. Además, opta por artículos multiusos frente a los de uso único. Una simple solución de vinagre y agua puede eliminar la necesidad de tener en casa un montón de limpiadores comerciales, y la ropa versátil sirve para casi cualquier ocasión. Por último, no sustituyas algo que funciona simplemente porque quieres uno nuevo; enorgullécete de seguir con tu viejo coche o de aprovechar unos años más tu abrigo de lana.

Reutilizar

La segunda erre, «reutilizar», también es fundamental para nuestros esfuerzos como «minsumidores». Cuanto más tiempo demos uso a un determinado objeto, mucho mejor (sobre todo si eso nos evita tener que comprar uno nuevo). Dado que ya se han dedicado recursos a su producción y su distribución, tenemos la responsabilidad de aprovecharlo al máximo.

Al igual que reducir, reutilizar es preferible a reciclar. Si el reciclaje requiere energía adicional para fabricar algo nuevo, reutilizar no requiere ninguna. Simplemente, adaptamos el producto en su forma original para satisfacer necesidades distintas. Mi heroína de la reutilización es Scarlett O'Hara: si ella fue capaz de lucir un vestido maravilloso confeccionado con unas cortinas viejas, nosotros podemos utilizar los vasitos de yogur para plantar semillas y las camisetas viejas como trapos. Ni siquiera tenemos que ser *tan* creativos. Disponemos de múltiples oportunidades para reutilizar cosas en cualquier momento: los materiales de embalaje (cajas, plástico burbujas, bolitas de espuma) y el papel, los listones y los moños de los regalos. De hecho, antes de tirar al bote de reciclaje un frasco de cristal, una tarjeta de Navidad o un recipiente de comida para llevar, piensa si puedes darle algún otro uso.

Por supuesto, como minimalistas que somos no queremos abarrotar nuestros cajones y clósets con objetos que quizá no utilicemos nunca. Por tanto, si no necesitas algo, dáselo a alguien que sí lo necesite. Reutilizar no significa que tengas que ser tú necesariamente quien reutilice el artículo; el planeta estará igual de bien cuidado si ese artículo lo reutiliza otra persona. Vende o regala aquello que no necesitas. Pregunta a amigos, familiares y compañeros de trabajo si quieren tus cosas. Ofrece lo que te sobra a colegios, iglesias, albergues y asilos para ancianos. Encontrar otro hogar para tus pertenencias requiere un poco más de esfuerzo que tirarlas a la basura, pero mantendrás en circulación objetos en perfecto estado y evitarás que otras personas tengan que comprarlos nuevos.

Asimismo, piensa en la posibilidad de reutilizar cosas de otros.

Supongamos que te invitan a una boda y no tienes ropa adecuada. Antes de salir de compras, intenta buscar algo de segunda mano (en tiendas físicas o en internet). Si no te da resultado, repasa los clósets de amigos y familiares o recurre al alquiler. Haz lo mismo con herramientas, muebles, electrónica y casi cualquier cosa que puedas imaginar; considera el mercado de segunda mano como tu fuente principal, y compra en las tiendas únicamente como último recurso. De ese modo, no someterás a una presión añadida a nuestro maltrecho entorno y evitarás que algo útil acabe en la basura.

Reciclar

Como «minsumidores», nuestro objetivo final consiste en vivir de manera ligera. Nuestra principal estrategia es reducir nuestro consumo a lo mínimo imprescindible; la segunda, reutilizar todo lo que podamos. No obstante, en ocasiones descubriremos que tenemos cosas que ya no nos sirven, y en esos casos deberíamos hacer todo lo posible para reciclarlas.

Por suerte, el reciclaje resulta cada vez menos complicado. Muchas comunidades cuentan con programas de reciclaje de la basura para separar vidrio, papel, metal y algunos plásticos. Otras disponen de puntos de reciclaje al que llevar los materiales reciclables. Si tienes esos recursos a tu alcance, aprovéchalos. Queremos minimizar no solo la basura de nuestras casas, sino también la de nuestro entorno.

De hecho, no limites tus esfuerzos de reciclaje a los sospechosos habituales; investiga las posibilidades que tienen otros productos. Algunas tiendas de material de oficina y electrónica ofrecen servicios de retirada de computadoras, monitores, periféricos, impresoras, máquinas de fax, celulares y aparatos electrónicos personales. Otras empresas ofrecen la posibilidad de devolver productos usados con embalajes o etiquetas de envío sin costo para el cliente. Cuando sustituí mi *laptop*, me entusiasmó la idea de poder enviar el viejo al fabricante. Busca y encontrarás programas para reciclar lentes, zapatos, muebles, pilas, cartuchos de tinta, ropa, alfombras, colchones, focos, etcétera. Antes de tirar algo a la basura, investiga las opciones de reciclaje. Puede que te sorprendas al comprobar cuántas posibilidades existen.

Incluso puedes reciclar en tu jardín, sin dispones de uno. En lugar de meter las hojas, las ramitas, los recortes de hierba, las piñitas y demás residuos del jardín en bolsas de basura, prepara una pila de abono. Añade residuos orgánicos de la cocina, como restos de verduras, posos de café, bolsitas de té y cáscaras de huevo. Cuando el material se descomponga, tendrás una maravillosa sustancia orgánica para enriquecer la tierra de tu jardín. Consulta un libro de jardinería o alguna página web para conocer todos los residuos que puedes añadir a la pila, y cómo debes disponerlos y tratarlos. El abono es doblemente bueno para el entorno, ya que evita que mucha basura vaya a parar al basurero y elimina la necesidad de comprar fertilizantes comerciales.

Como «minsumidores», nuestro objetivo final consiste en vivir de manera ligera.

Aunque el reciclaje se produce al final del ciclo de vida de un producto, tenlo en mente desde el principio. Cuando vayas a comprar, elige productos que puedan reciclarse; en general, llevan el símbolo universal de reciclaje. Los diferentes plásticos se identifican mediante el número que va dentro del símbolo; asegúrate de elegir el que sea reciclable. Si no tienes esa posibilidad, piensa en una alternativa más respetuosa con el medio ambiente. Evita los materiales peligrosos y tóxicos (como pinturas, productos de limpieza y pesticidas). La eliminación inadecuada de ese tipo de productos daña el entorno, así que debes llevarlos a un punto especial de recogida. Toma la vía fácil y busca productos no tóxicos para tus necesidades domésticas.

Ten en cuenta la vida útil

Como «minsumidores», nuestro objetivo consiste en comprar lo menos posible. Por tanto, queremos que lo que compremos nos dure mucho. Debemos tener en cuenta la vida útil de los productos a la hora de comprar. ¿Por qué gastar tantos recursos valiosos (para la producción, la distribución y la eliminación) en un producto que solo tendremos unos meses?

Así, inclínate por productos bien hechos y duraderos. Parece una tontería, pero ¿cuántas veces has dejado que el precio, y no la calidad, influya en lo que compras? Cuando sales a comprar, resulta fácil comparar precios, pero no tanto determinar la calidad. ¿Cómo sabes si esa silla no se vendrá abajo dentro de un mes, o si ese reloj dejará de funcionar dentro de una semana? Tienes que ponerte el sombrero de detective y buscar pistas: dónde se ha fabricado el producto, los materiales que lo componen y la reputación del fabricante. Aunque el precio no siempre es un indicativo de la calidad, los precios bajos no se asocian con la longevidad. Y aunque sustituir el producto no sea una ruina, debemos tener en cuenta los costos ambientales de una nueva compra.

Del mismo modo, abstente de comprar productos de moda. Te cansarás de ellos (o sentirás vergüenza por tenerlos) antes de que les llegue el final de su vida útil. Aunque los dones, se habrán gastado recursos en su fabricación y distribución, así que es mejor no comprarlos de entrada. Elige artículos que realmente te gusten o clásicos que nunca pasen de moda.

Por último, evita los productos desechables siempre que sea posible. Nadie quiere agotar los recursos naturales en productos que utilizamos ¡minutos! Por desgracia, los objetos de «un solo uso» son cada vez más populares en nuestra sociedad: de platos a cuchillos, servilletas, pañales, cámaras y paños de limpieza. Muchos de esos productos se utilizan a diario y generan una enorme cantidad de residuos. Puedes recortar radicalmente tu impacto ecológico optando por versiones reutilizables, como pañuelos y bolsas de tela, pilas recargables, vajillas y cuberterías «de verdad», y servilletas, pañales y paños de tela. Como siempre, guíate por la vida útil de los productos: si es ridículamente corta, busca alternativas más duraderas.

Ten en cuenta los materiales

Cuando valores una posible compra, ten en cuenta los materiales con los que se ha fabricado el producto en cuestión. Si eliges artículos producidos con recursos sostenibles o renovables, estarás minimizando el impacto de tu consumo.

Por norma general, opta por productos fabricados con materiales naturales frente a los artificiales. Muchas sustancias sintéticas, como el plástico, se fabrican a partir del petróleo, que es un recurso no renovable. El proceso de fabricación consume muchísima energía y, además, puede emitir toxinas dañinas y exponer a los trabajadores a gases y químicos peligrosos. Por si fuera poco, algunos plásticos contienen aditivos que pueden filtrarse a los alimentos y el agua, con el consiguiente riesgo para la salud. La eliminación plantea un problema añadido. Los plásticos se degradan muy lentamente y pueden sobrevivir en los basureros durante cientos (o incluso miles) de años; por otro lado, si se queman, pueden provocar una contaminación tóxica.

Los materiales naturales no requieren tanta energía, y su eliminación y reciclaje resultan mucho más fáciles. No obstante, que compremos un artículo de madera no significa que estemos libres de toda sospecha. Debemos comprobar el origen de la madera y cómo se ha extraído. Se han deforestado enormes extensiones de tierra para producir papel, muebles, suelos, madera y otros productos. La explotación forestal ilegal y los sistemas de recolección no sostenibles han provocado la destrucción de ecosistemas, el desplazamiento de tribus indígenas y la alteración de climas locales. Para evitar contribuir a esas tragedias, busca maderas certificadas de fuentes sostenibles y opta por tipos que se renueven rápidamente (como el bambú) frente a las especies amenazadas.

Como alternativa, reduce tu impacto ambiental comprando productos fabricados con materiales reciclados. Encontrarás papeles, ropa, bolsos, zapatos, suelos, muebles, decoración, bisutería, cristalería y muchos otros productos que disfrutan de una segunda vida como artículos nuevos. Al comprar productos reciclados, colaboras en la conservación de los recursos naturales, se ahorra energía y se evita que los productos originales acaben en un basurero. Muestra tu verdadero espíritu de «minsumidor» y enorgullécete de que tu bolso esté hecho con botellas de refresco o tu mesa sea de madera reciclada.

Por último, ten en cuenta los embalajes. Lo ideal, por supuesto, es que lo que compres no lleve ningún tipo de embalaje (sobre todo si se trata de productos con una vida útil muy corta). No obstante, muchas de las cosas que compramos se presentan con algún tipo de envoltorio. Opta por productos con la mínima cantidad posible de embalaje o con un embalaje que pueda reciclarse fácilmente. Y, sobre todo, no cargues las compras en bolsas de plástico; acostúmbrate a las de tela. Esta acción por sí sola puede ahorrar una considerable cantidad de energía y residuos.

Ten en cuenta a las personas

No solo debemos analizar los materiales con los que están fabricados los productos, sino que también debemos tener en cuenta a las personas que los han fabricado, y en qué condiciones lo han hecho. Ese trique o ese vestido que ves en los grandes almacenes no han salido de la nada. Alguien los ha fabricado a mano o ha manejado la maquinaria necesaria para su producción. Antes de comprar, queremos saber si esa persona ha recibido un trato justo, con unas condiciones de trabajo seguras y un sueldo digno.

En mi mundo de fantasías futuras, imagino que podremos escanear el código de barras de los productos con el celular para descubrir su historia: qué recursos naturales se han utilizado en su producción; si se pueden reciclar o cuánto tiempo tardarán en degradarse en un basurero; dónde se han fabricado y el historial del fabricante en lo que respecta a sueldos y condiciones laborales.

Hace unas décadas, esa información se conseguía fácilmente. Las fábricas se encontraban en nuestros pueblos y nuestras ciudades, y podíamos ver con nuestros propios ojos si las chimeneas escupían contaminación o si se vertían sustancias químicas en lagos y ríos. Podíamos visitar la fábrica o preguntar a nuestro vecino, primo o amigo (alguno de ellos trabajaba allí) si les trataban y les pagaban bien. Podíamos confiar en que los sindicatos, las leyes y las normativas garantizaran un salario justo y un entorno seguro para las personas que fabricaban nuestras cosas. Con la llegada de la globalización, todo eso cambió. La mayor parte de las cosas que compramos ahora se han fabricado en lugares remotos, y muy pocas empresas son transparentes en cuanto a sus cadenas de suministro y métodos de producción. Algunas recurren a subcontratistas extranjeros para la fabricación, y en algunos casos desconocen las condiciones en las que se fabrican sus productos.

Investiga a las tiendas y las marcas de las que eres cliente para asegurarte de que sus prácticas coinciden con tus valores.

Entonces, ¿cómo vamos a saberlo nosotros? Esta es la parte difícil. Es evidente que ninguna empresa va a emitir un comunicado de prensa sobre lo poco que paga a sus trabajadores, ni va a hacer publicidad con anuncios que muestren las miserables condiciones en sus fábricas. La tarea de averiguar qué fabricantes siguen prácticas laborales justas y cuáles no, es nuestra. Busca información en internet publicada por comités de vigilancia y organizaciones defensoras de los derechos humanos. Investiga a las tiendas y las marcas de las que eres cliente para asegurarte de que sus prácticas coinciden con tus valores, y si no es así, llévate tu dinero a otra parte. Revisa la etiqueta de origen antes de comprar algo; si el producto está fabricado en una zona conocida por su destrucción medioambiental o por la explotación laboral, deja el producto y sigue buscando.

Ten en cuenta la distancia

Hemos hablado largo y tendido sobre la producción y la eliminación, y sobre cómo podemos minimizar nuestro impacto al respecto. Pero no hemos acabado. También debemos tener en cuenta la distribución, y cómo el transporte de bienes desde su lugar de fabricación hasta el punto donde los compramos incrementa el daño ambiental.

Hubo una época en que la mayoría de los bienes se producían cerca de nuestras casas. Comprábamos las verduras al agricultor que las cultivaba, la ropa al sastre que la cosía y las herramientas al herrero que las forjaba. En muchos casos, esos productos no recorrían más de unos pocos kilómetros (casi siempre mucho menos) hasta llegar a nosotros. Ahora, las tiendas traen productos de Chile, ropa de la India y utensilios de China. Gran parte de las cosas que tenemos en casa proceden de medio mundo. El problema es la energía adicional (en forma de combustible) que se gasta para transportar todo eso.

El petróleo es una fuente de energía no renovable que resulta más escasa a cada minuto que pasa. Sin embargo, en lugar de conservarla, llenamos aviones, barcos y camiones para transportar productos de un rincón del mundo a otro. Por desgracia, eso significa más contaminación en la atmósfera y menos recursos para el futuro. ¿Realmente valen la pena las consecuencias medioambientales de enviar un mango o una minifalda a cinco mil kilómetros de distancia?

Para nosotros, como «minsumidores», no. Preferimos comprar localmente, mantener el aire limpio y ahorrar toda esa energía. Preferiríamos comprar nuestras sillas a un carpintero local en vez de a una gran mueblería; nuestra decoración en una feria local de arte en vez de en una gran cadena, y nuestra ropa a un fabricante nacional. Sin duda, no es tan fácil como dejarse caer por un centro comercial, pero lo mínimo que podemos hacer es intentarlo. De hecho, cuanto más demandemos productos locales en detrimento de los importados, más posibilidades habrá de que se produzca una recuperación de dichos productos.

¿Listo para hacer algunas compras por tu zona? Empieza con la comida. Muchos de nosotros tenemos acceso a mercadillos locales en los que podemos comprar fruta y verdura fresca, miel, carne, lácteos y demás. Dado que los productos se cultivan, se crían y se producen localmente, la energía invertida en el transporte es mínima. Por tanto, planifica tu menú en función de los productos de temporada. En lugar de comprar tomates en invierno, procedentes de algún lugar muy lejano, disfruta de los frutos de la cosecha local durante todo el año.

Cuando compramos productos locales, no solo ayudamos al medio ambiente, sino que, además, beneficiamos a nuestra comunidad. En lugar de enviar nuestro dinero, que tanto nos cuesta ganar, a naciones extranjeras, lo invertimos en nuestros propios barrios, donde servirán para proporcionar los servicios, las infraestructuras y los programas que necesitamos. Salvamos los terrenos de cultivo de las constructoras, y con ello conservamos espacios abiertos y tradiciones agrícolas. Impulsamos economías locales fuertes y diversas, mucho menos dependientes de los mercados globales y de las cadenas de suministro. Y, lo mejor de todo, establecemos relaciones personales duraderas con las personas que nos abastecen. Es maravilloso saber que nuestro consumo ayuda a un granjero a mantener su modo de vida, o a que el hijo de un comerciante local asista a la universidad, en lugar de pagarle el seguro a algún ejecutivo de una empresa lejana.

Sé como una mariposa

Cuando consumimos en exceso, somos como un elefante en una cacharrería: dejamos una estela de destrucción en forma de bosques dañados, ríos sucios y basureros abarrotados. En nuestra búsqueda de más cosas y de un desarrollo sin restricciones, destrozamos los frágiles ecosistemas del planeta y dejamos que las generaciones futuras arreglen el desaguisado.

Como «minsumidores» queremos hacer todo lo contrario. En lugar de ser elefantes, luchamos por ser mariposas y vivir de la manera más ligera, elegante y hermosa posible. Queremos revolotear por la vida con poco equipaje, libres de la carga del exceso de cosas. Queremos dejar a la Tierra y a sus recursos enteros e intactos.

La Tierra posee un número finito de recursos para un número de habitantes que no deja de aumentar; cada vez son más los países industrializados y, por tanto, mayor es la presión sobre el sistema. Cuando actuamos como elefantes, nos llevamos más de lo que nos corresponde. Nos creemos con derecho a mantener nuestro estilo de vida consumista a cualquier precio y no nos preocupan los efectos en el medio ambiente. Peor aún: en una economía de «crecimiento a toda costa», esa conducta se convierte en la norma. Imagina a cientos, miles o incluso millones de elefantes pisoteando el mundo y despojándolo de su riqueza.

Inspiramos a otros con la belleza de nuestras acciones.

Cuando actuamos como mariposas, por el contrario, tenemos suficiente con lo más esencial. Consumimos lo menos posible, conscientes de que los recursos son limitados. Celebramos los regalos de la naturaleza en lugar de maltratarlos: una brisa primaveral, un riachuelo de aguas transparentes, una flor perfumada... Somos conscientes de nuestro papel de guardianes de la Tierra y de nuestra responsabilidad de cuidarla y nutrirla para las generaciones futuras. Existimos en armonía entre nosotros y dentro del ecosistema.

Además, inspiramos a otros con la belleza de nuestras acciones. No necesitamos poder ni dinero para ampliar nuestra agenda; simplemente, necesitamos hacer lo que hacemos, un día tras otro, y dar un maravilloso ejemplo a nuestros vecinos y a nuestros hijos. Si practicamos un estilo de vida minimalista, se nos presenta una oportunidad única para cambiar el paradigma actual: del consumo feroz y la especulación a la conservación y el desarrollo sostenible. Podemos ser pioneros del cambio social y económico con solo consumir menos y animar a otros a hacer lo mismo. Se trata de la forma más sencilla de activismo, pero tiene el poder de transformar nuestras vidas, nuestra sociedad y nuestro planeta.

Conclusión

Cada uno tiene sus motivos para adoptar un estilo de vida minimalista. Puede que tú eligieras este libro porque tienes los cajones abarrotados, tus habitaciones son un caos y tus clósets están llenos hasta el tope. Quizá te hayas dado cuenta de que ir de compras al centro comercial y adquirir cosas nuevas constantemente no te hace feliz. O tal vez te preocupan los efectos de tu consumo en el medio ambiente, y que tus hijos y nietos no disfruten del aire puro y las aguas cristalinas que deberían tener por derecho natural.

Espero que los consejos que contienen estas páginas te hayan inspirado para reorganizar tu casa, simplificar tu vida y vivir de un modo un poco más ligero. Es un mensaje que no escucharás muy a menudo en nuestra sociedad del «más es mejor»; de hecho, casi siempre oirás lo contrario. Allá donde vayamos nos animan a consumir (anuncios, revistas, vallas publicitarias, emisoras de radio y publicidad en autobuses, bancos, edificios, baños, e, incluso, en escuelas). Y ello se debe a que los medios de comunicación tradicionales están controlados casi en su totalidad por personas que salen ganando cada vez que compramos más cosas.

En ocasiones, llevar un estilo de vida minimalista es como nadar contra corriente. Existen personas que se sienten amenazadas por todo lo que se salga de la «norma», esas que afirman que no puedes vivir sin un coche, una tele o una sala perfectamente amueblada. Dan a entender que no eres una persona de éxito si no compras ropa de marca, los últimos trebejos electrónicos y la casa más grande que te puedas permitir.

No les creas. Todos sabemos que la calidad de vida no tiene nada que ver con los bienes de consumo, y que las «cosas materiales» no son una medida del éxito.

Y no te preocupes, pues no estás solo. Busca más allá de los grandes medios de comunicación y descubrirás montones de almas gemelas. Es más, comenta a un colega o un vecino, como de pasada, que estás recortando tus posesiones, y es posible que te responda con un suspiro de complicidad y un comentario del tipo «a mí también me gustaría». Después de los excesos económicos de las últimas décadas, existe un descontento imparable con el consumismo y una oleada de interés por vivir de manera más sencilla y profunda.

Internet en especial es una mina de información y apoyo. En los últimos años, el número de blogs y páginas sobre minimalismo y simplicidad voluntaria ha aumentado de manera exponencial. Piensa en la posibilidad de participar en un foro de debate sobre el tema; es un modo estupendo de entrar en contacto con otros minimalistas, intercambiar técnicas para hacer limpieza en nuestras casas y hallar inspiración y motivación para seguir adelante.

Cuando salgas de la corriente dominante, tendrás una maravillosa sensación de calma y serenidad. Cuando ignores los anuncios y minimices el consumo, no habrá motivo para desear cosas, ni presión para comprarlas, ni estrés por tener que pagarlas. Es como tomar una varita mágica y eliminar toda una serie de preocupaciones y problemas en tu vida.

Con el minimalismo llega la libertad: la libertad de las deudas, de la acumulación y de esta vida acelerada. Con cada cosa superflua que elimines de tu vida sentirás cómo te quitas un peso de encima. Tendrás menos recados y menos compras que hacer, y menos que pagar, limpiar, mantener y asegurar. Además, cuando no te interesan los símbolos de estatus ni ser menos que el vecino, ganas tiempo y energía para cosas más satisfactorias, como jugar con tus hijos, participar en tu comunidad y meditar sobre el significado de la vida, por ejemplo.

Esa libertad, a su vez, te brinda la fabulosa oportunidad de autodescubrirte. Cuando nos identificamos con marcas y nos expresamos a través de objetos materiales, perdemos de vista quiénes somos. Utilizamos los bienes de consumo para proyectar una determinada imagen de nosotros mismos (en esencia, compramos un personaje que mostrar al resto del mundo). Además, estamos tan ocupados con nuestras *cosas* (corriendo de aquí para allá, comprando esto y aquello) que apenas nos queda tiempo para detenernos y explorar lo que realmente nos hace vibrar.

Cuando nos convertimos en minimalistas, eliminamos todo el exceso y descubrimos nuestro verdadero yo. Nos tomamos el tiempo necesario para considerar quiénes somos, qué consideramos importante y qué nos hace felices de verdad. Salimos de nuestros capullos del consumismo y estiramos las alas como poetas, filósofos, artistas, activistas, madres, padres, parejas o amigos. Y, lo más importante, nos redefinimos según lo que hacemos, lo que pensamos y a quienes amamos, no según lo que compramos.

Existe un viejo relato budista acerca de un hombre que visitó a un maestro zen en busca de guía espiritual. Sin embargo, en lugar de escuchar, el visitante se dedicó a hablar, sobre todo, de sus propias ideas. Al cabo de un rato, el maestro sirvió té. Llenó la taza de su invitado, y continuó sirviendo hasta que el té se derramó sobre la mesa. Sorprendido, el visitante exclamó que la taza estaba llena y preguntó al maestro por qué seguía sirviendo si ya no cabía más. El maestro le explicó que, como la taza, el visitante ya estaba lleno de sus propias ideas y opiniones, y no podría aprender nada si no vaciaba antes su taza.

Ocurre lo mismo cuando nuestras vidas están demasiado llenas. Carecemos de espacio para afrontar nuevas experiencias y perdemos oportunidades de desarrollarnos y de profundizar en nuestras relaciones. El minimalismo nos ayuda a poner remedio. Al eliminar el exceso de nuestras casas, nuestras agendas y nuestras mentes, vaciamos nuestras tazas, y eso nos dota de una capacidad infinita para la vida, el amor, la esperanza, los sueños y mucha, mucha alegría.

Agradecimientos

Gracias a mis maravillosos lectores por inspirarme con sus correos y comentarios en el blog durante todos estos años.

Gracias a Maria Ribas, de Stonesong, por tu entusiasmo, tu buen hacer y tu gran trabajo como agente.

Gracias a mis editoras, Laura Lee Mattingly y Sara Golski, por pulir el texto. Ha sido un placer trabajar con ustedes.

Gracias a Jennifer Tolo Pierce, Stephanie Wong, Yolanda Cazares y el resto del equipo de Chronicle por su brillante trabajo y su dedicación a este libro, y a mi agente de derechos internacionales, Whitney Lee, por darlo a conocer en todo el mundo.

Gracias a mis padres por hacerme creer que puedo hacer lo que me proponga.

Y, sobre todo, gracias a mi marido y a mi hija por su amor incondicional, su paciencia y su apoyo durante este viaje. Son mis tesoros.